不作自己的人
才是最自私的人

來 自 高 我 的 療 癒 訊 息

丁鳳逸 Sadana ◎著

目錄

自序

您好。

您是否常遭遇這樣的困境：覺得自己是夾心餅乾，夾在立場不同的兩方中間，無論那是父與母、父母與伴侶、伴侶與孩子、老闆與員工⋯⋯而無論您怎麼作，他們都不滿意？

或是，您常在夜深人靜時，思考生命的意義，思考自己為什麼已經儘量配合身邊的人，用力作一個好老公好老婆，或好爸爸好媽媽，卻活得不快樂不滿足？

也許，您清楚知道您需要改變，不再為了別人的需要或想要而犧牲自己，卻被慣性與既定價值觀束縛，沒有辦法改變？

或，您知道您這輩子有您來世上的使命，卻苦於沒有實行的方法，因為您還沒有找到自己的力量？

如果您的答案是肯定的，即使只是沾上一些邊，我在此請您一定要仔細讀下去。

這本書是由一位曾經完全沒有自己的人，花了十年的時間寫的。因為沒有自己，所以根本談不上愛自己、或愛自己的夢想、追求自己的夢想等。那些都是保留給對生命有熱情有憧憬的傢伙的。沒有自己的人，對生命不會有熱情。

所以，沒有自己的人，要先找到自己，找到自己的存在感，再去談愛自己與實現夢想。否則那就像蓋高樓卻沒有先打地基一樣，都是虛的。但是，很少人在談找到自己，因為談愛自己是比較容易的。愛自己，可以有方法有步驟；尋找自己呢？常常就是瞎子摸象罷了。

但是畢竟我摸到現在也摸了二十年，於是決定把這個探索的過程給歸納出來，願更多的人開始走上愛自己、實現天命的道路。

很快介紹一下我這個本無存在感的人的背景：我在台灣台北出生成長，父母皆為既有顏值又有才氣的專業人士。十九歲那一年去美國求學。讀大學時，在台灣的母親罹患癌症，但因怕同事上司知道很快地作了手術與化、放療，病情也算控制了下來。我開始工作後接觸靈修，成為一名求道者。不久之後，母親癌症復發，我也因此搬回台灣。母親在幾年後因病辭世時我進入了我的靈魂暗夜，跌到生命的谷底。在用自我療癒的方法往上爬的過程中，我經歷了許多次靈性高峰經驗，包括與高我連上線、體驗開悟狀態、身體自動閉關、亢達里尼上升以及三天的no mind（沒有念頭，沒有情緒，只有純粹的覺知）體驗。

在從美國搬回台灣後，我因緣際會成為了靈性工作坊的中英文口譯。我發現許多新時代或靈性老師教導的觀念聽起來都很好，但是身為華人，活在華人社會裡，在執行上卻有一定的困難。而坊間一些關於愛自己的書或論調，在比較傳統的家庭或是長輩眼裡，是自私的、不孝的；尤其是當原生家庭已經滿是傷疤，當父母的內在小孩比自己的內在小孩還小、還需要照顧時，我們如何真正的愛自己，如何平衡給予與接受，平衡求成長者與孝子孝女的身分？靈性的真理與孝道的規範，先天與後天，孰輕孰重？

在走出靈魂暗夜、成立工作室之後，我也看到許多來做個案的朋友，和數年前的我一樣，因為對家人的愛、因為倫理或孝道，或輿論的壓力，處於痛苦中無法自救。即使他們理智上知道要先愛自己，要先建立與自己的關係，他們也無法去平衡消弭心中的內疚。

基於以上種種，我決定「下海」——跳下筆海開始咬筆桿的日子，與我的高我合作，把我那出生入死、一髮千鈞、有靈有肉，有笑有淚，橫跨三大洲四大洋五大國的「靈性進化血淚史」寫出來。

所以，如果您讀到某橋段覺得很灑狗血、戲劇化——不用懷疑，那都是我的肉身在極度痛苦之下賣力創化演出的。因為西方有一個東西叫「吸引力法則」，東方也有一句話說「屋漏偏逢連夜雨」，代表當人能量低、意識低與未療癒時就只能創造些「低能」的情境。但是，當意識提升，靈光充滿時，這個肉身至今也確實體驗過不少高峰經驗。其美妙之處雖然難以言傳，但是為了本書，也只能冒著被嫌誇大之可能，盡力的用稚拙有限的詞彙描繪。

碎碎念到此告一段落。現在，請做一次深呼吸，並覺知：

眼前的一切都是您的創化。

所有在您的小宇宙中的人、事、物，都是您共同創造的。

所以，這本書也是。

因此，我要謝謝您，和我一起共同創化了它。並把它創造的如此豐富，如此好看，如此療癒，如此——————（請自己填上您希望它有什麼特質的形容詞）。

記得，您是您宇宙中的創化者。如果您覺得這本書爛透了，不是我要挨所有的罵；如果您覺得此書簡直是絕世佳作，也不是我一個人佔所有的功勞（但還是記得把它介紹給朋友們）！

最後，附上一小段高我的話：

你好。

這是你的高我在說話。透過這樣的方式、管道與媒介。

你可能會懷疑，為什麼你的高我要透過一個陌生人，來向你傳達訊息。

在真實實相之中，並沒有陌生人的存在，甚至沒有他人的存在。

因為所謂的你、我、他，都只是一種「現象」。

若是你的內在沒有這樣的信息，你在外在世界——肉眼所看到的世界裡，也不會接觸到這樣的訊息，因為「As above, so below」，你現在看到這些文字，就代表它也早在你的意識之中。

方式、管道、媒介，這些都是表相。重要的是透過外在的表相與你內在的真我連結。讓你外在的體驗成為一座橋樑。

願書中的訊息幫助你建立、疏通和強化這座橋樑。

何為高我

高我，也稱為「大我」，是我們每個人內在的神性或佛性，也是那個看得到我們生命的全貌（包括累生累世）、知悉我們生命藍圖、此生真正想達成、成就的內外在事物的內在面向。也可以說是我們意識的最高層面。

神序

光彩奪目的美麗生命們！你是如此的渺小，又是如此的偉大！你可知道你有多美、多動人嗎？

你可知道，你願意忘記你的神聖身分，來到二元對立的人世間，是需要多少的愛與勇氣嗎？？

無論你的道路怎麼改變，無論你遭遇多少挫折，無論身旁多少人不理解你，你總不放棄對真理與真愛的追求！你盡全力捍衛你做夢的權利，你盡全力保有自己的內在生活，在現今的世界中，你名符其實是一名光之戰士。

然而……

為何放棄愛？

為何不相信愛？

沒錯，你們大多數人，從小都沒有從父母那裡得到過真正無條件的愛。那種沒有任何期望、沒有任何束縛、任何要求，任何虧欠感；自由自在，天地是我家，整個世界是我的遊樂場的愛。身為成人的你們，也已經知道，他們沒有那樣愛你，是因為他們從來也沒有被那樣子愛過。但是，這不代表你這一世就無法得到真愛，體驗不到愛的無條件的表達。

是的，愛有很多種表達的方式。有一些方式，是你不理解的，可是那仍是愛。因為**愛既不是名詞，也不是動詞，愛就是一種存在的狀態**。愛是生命與生命之間最自然的關係。

愛是人與人、人與事之間的甜蜜的膠，愛就是吸引力法則。如果沒有愛，這個世界不會存在，你也不會出生。因為，你正是為了愛來到這裡呀！無論是為了愛自己、愛他人、愛地球——你來這兒都是為了這一件事。

然而這份愛，這份無條件的愛，其實並不需要等別人給你。因為它正是你的核心本質，你內在就有這樣的一份愛，只是它隱姓埋名已久，自己都忘記自己的存在了，就像你也忘了你為何來到世上，以及你的真實身分一樣。

所以，療癒吧！孩子。自己幫自己療癒也行，請別人幫你療癒也罷，最終，這份愛還是需要你來給予自己。這就是往內旋的靈性道路——了悟、實現你本自俱足，什麼都不缺的愛之本性、光之本體。

記得，追尋愛你的外在人事境很好，但是當你能無條件的愛自己時，你才能無條件地對生命敞開。到時，你會看到，你就是奇蹟。生命就是一個奇蹟。

～高我

1

生命是一場美麗的誤會

一個沒有存在感的人的養成

時間：二〇〇三年

地點：巴里島烏布鄉間

我在我租的前不著村、後不著店的房子裏，站在熊熊的火焰中。

在我的前面，有一個雙人床，而它正在燃燒。

我只有一個念頭：

「我怎麼會走到這一步？」

倒帶到十三年前的台北市。就讀大一的我，突然向母親提出出國留學的要求。

到今天我也無法清楚描述為何我考上台灣最高學府，卻想要離去的緣由。我只記得我也交了朋友，也常與同學吃飯鬼混，卻覺得少了些什麼。

我給母親的理由是我想學習電影藝術，所以我想休學一年去法國唸語文學校。如果唸得好，我會繼續升法國大學，如果不好，我就回來繼續台大的學業。

沒有想到，母親答應了。

你也許會覺得奇怪，為何我是問我母親而不是我父親。從很早的時候，記憶中我和妹妹就比較常與母親在一起。雖然母親是職業婦女，但她在不上班時幾乎都與我們在一起，週末也常常帶我們去逛街、看電影、上館子。有時我們像是母親的寶貝女兒，有時我們像是母親的小跟班；有時，我們像是母親最好的朋友。

這其中有很大一部分是因為母親與父親的婚姻並不幸福。

母親和父親，在某種程度上算是絕配。父親在北京出生，一直到十四歲才與家人遷來台灣。父親從小展露出很高的文學天份。據姑姑描述，父親在十二歲時已自己創作舞台劇劇本。

母親祖籍天津，但在台灣羅東長大，能說一口道地的台語。母親貌美出眾，個性好強又有一點孤芳自賞（這是她小時候老師給的評語）。母親雖然沒有父親的文學天份與素養，但是天資聰穎，以銘傳商專的學歷考進台灣電視台（簡稱台視），本來為播音員，在我出生前已調往新聞部，先坐比較輕鬆的主播台，後來成為記者，並於民國七十一年獲得金鐘獎電視採訪獎。

母親與父親在台視任職時相識，戀愛。後來父親離開電視台，專心在教職上發展，成為大學的副教授、教授。

所以，出生在這樣的家庭裡的我，照理說應該過著非常幸福快樂的日子。從某一方面來說，也的確如此。但是，從另一方面來說，並不盡然。

我的父母，就如許多父母一樣，極力給我和後來出生的妹妹一個好的物質與教育環境，卻忽略了在孩子人格發展上很重要的情感環境。請不用誤會，這無關對錯，也無關怪罪誰，只是就事論事。

許多為人父母的人，對孩子的真正需要缺少覺知。讓孩子溫飽，不用露宿街頭當然是很重要的，但是，孩子也需要一個穩定的情感環境，也就是父母的關係和不和諧，有沒有愛與真實的溝通，這一切都會影響孩子的安全感與其他重要特質的發展。而不管父母多麼盡力的掩飾，孩子都能感受到父母婚姻的真實狀況。更何況，許多父母根本不知道不該在孩子面前爭吵甚至有肢體動作，我小時就曾目睹類似的事件，也在成年後回想起時還會心痛與哭泣。

但是，概括的說起來，除了父母之間的不和諧以外，小時候的我還是感受到了很多的愛，無論是從父親或母親身上。我可以說是他們的pride and joy，「眼中的蘋果」，他們對我的愛是豐沛的。尤其是母親成為新聞工作者之後，收入也更豐厚，小時候我和妹妹在物質上是從未缺乏的。雖然那時候的小孩也沒有什麼東西好買。

我還記得，我和小我五歲的妹妹放學之後，會直接背著書包去母親任職的台視公司找她。那時她便會把我們安置在地下一樓的咖啡廳，我們一邊喝著濃濃的阿華田，一邊寫功課等她下班。我們都很喜歡這樣的安排，因為偶爾還可以看到電視上的「明星」。那時我和妹妹便會交頭接耳，竊竊私語一番，再回到我們的功課上。

在週末的假期裡，母親總是把自己與我們打扮得漂漂亮亮的，到當時台北最繁華，可以說是高級消費區的東區逛街購物、看電影上館子。雖然母親對我和妹妹的購物要求幾乎都來者不拒，但是我們大部分的時間裡比較像是母親的小跟班，甚至小寵物，小配件。我還記得，有一次母親帶我們去當時的芝麻百貨看了一個叫「巴黎落霧」的電影。我對於劇情沒有任何記憶，因為還沒有成熟到足以理解；但是對電影憂愁的鋼琴配樂，與女主角充滿哀傷迷惘的眼神留下了深刻的印象。

是的，那種無聲的、淡淡的哀愁氛圍，悄然持續地瀰漫在我們看似幸福豐盛的生活中。

我和妹妹似乎是母親所有感情的寄托。我們晚上常到她寬敞的主臥室裡，三個人邊看「三人行」美劇邊分食一碗方便麵，然後我睡在她床旁邊的地毯上，妹妹就睡她床上。我們母女三人自成一個開心的女人國。

就這樣，我一直都理所當然的在母親身旁跟著，直到我考上離家較遠的公立高中，開始有自己的朋友與生活圈。

在高中三年裡，我和母親還是有很密切的互動，但是，我的生活不再只有她和妹妹，也多了學校的社團、死黨、甚至一點初戀的情愫。因為參加學校管樂社，我結識了不少好友，更認識了打擊樂。每天早上，我提早到校和同伴們在操場用鼓棒打桌子練習。隨著我的技巧慢慢地增長，我的自我意識似乎也慢慢地長大茁壯。我也逐漸有了自己的社交生活，不再與母親度過每一個週末。

我記得很清楚，有一兩次和同學在講電話時，一旁的母親突然問我無關緊要的問題，我很不解，她明明看到我在講電話，卻選擇在同時和我講話。後來更深入靈性成長的道路時，我才發現原來這是一種下意識的自我保護行為，因為她覺得要失去我了，要把我抓住。當然裡面也有佔有的成分，以及對我朋友的些許醋意。

高中三年的生活很快的過去，而這三年中從來沒考過班上前十名的我，居然在大學聯考時成為黑馬，考上台大車尾。其實在高二時，我因為有一次與我們班極受異性歡迎的女生與一位學長去看電影（我應該是故意被叫去當電燈泡），而認識了歐洲的藝術電影，從此萌生拍電影的念頭。所以聯考時我也報名了文化大學電影系的術科考試。沒想到術科考得不好，學科又考得出乎意料得好，就這麼上了人稱最高學府的台大。

別人考上台大，是開心的放鞭炮，我卻在心裡愁：「糟了，我的分數可以上台大，爸爸絕對不會讓我去讀文化的！」所以，連問都沒有問，我就乖乖地去台大報到。

在那時候，就如在讀國中，甚至小學時一樣，我們很少主動去找父親談什麼。也許是因為父親也不太主動問我們什麼事，也許也是因為父親和母親漸行漸遠，而我們又是「母親這一國」的。但是，父親嚴厲權威的形象，在我的眼中沒有變過。

父親對於我們最在乎的是學業。我是十月出生的，剛好卡在兩屆入學年齡的中間；照理說應該在下學年才入學，但是父親因為不希望我落後，寧願我提前，所以煞費苦心遷戶口來讓我能在六歲多時就上小學。在上國中時，父親開始督促我的學業，逼我背「唐詩三百首」等等，結果就是我和他也漸行漸遠。

再一次說明，這一切沒有對錯，因為在父親的信念系統裡，教育是最重要的。「萬般皆下品，唯有讀書高」是以前父親常掛在嘴邊的一句話。然而，這樣做的結果的確造成了親子間的隔閡，因為，當太多的期望被加諸在孩子身上時，就讓愛有了條件。

而許許多多的孩子——包括現在已變成別人父母的孩子——從此就無法相信真愛，也就是無條件的愛。想當然也以這樣的態度教育下一代。

於是，我進入了台灣的最高學府，成為眾人羨慕的台大生。然而不過一年，我就和母親說我想出國。

為什麼會在一切最順利，生活最輕鬆的時候，選擇獨自離家，我想很難用簡單幾句話交代清楚。表面上是因為我的電影夢，但是在對自己、對生命有更多認識之後，我認為那是一種更高的精神驅動力，促使我在達到所謂「成功」的時際，追求對生命更全面、更整體性與靈性的解答。也就是，追求比成功更重要的東西；那個可以撫慰我、療癒我的靈魂的東西。

當然，還有我對自由的渴望。不僅是行動上的自由（那個我多多少少已擁有，畢竟我已是大學生），但更重要的是心理空間的自由——自由長成我自己，無論那個自己是什麼樣貌。

我不帶期望地對母親提出這樣的請求。沒想到，母親答應了，即使父親反對。其實父親反對也沒什麼效果。

於是，在母親的精神與財力支持之下，我坐上了前往法國的飛機。在一年後，又因母親的建議飛往美國，在那裡追求我的電影夢。

在美國，我如魚得水。一方面是因為我的英文比法文好很多，一方面是因為，我戀愛了。

對一個沒什麼存在感的人而言，初戀的氣勢與力量，比任何夢想都強大。我從台大人類學轉到美國大學的人類學系，本來是要再轉到該校的電影系，但是我抵達學校不久後，電影系就被合併掉了，而照理說我應該積極的再申請轉學，轉到其他有電影系的美國大學。可是，偏偏在這個時候，我遇見了這輩子第一個男朋友，開始了我的第一個戀愛。於是我待了下來，因為心動不再驛馬星動。

奇妙的是，我也因此有了這輩子第一個能量上的神秘體驗。

那是一個在學校圖書館的午後，我和男友在努力讀書，準備迎接考試，但我頭痛很不舒服。我和他訴苦，他問我可否幫我「按手禱告」。這是身為基督徒的他第一次對我說這樣的話。我說可以。於是他把手放在我的頭上，開始祈禱。

我並不記得他說了什麼，但是當時我的內在有一個奇妙的感覺⋯我感到一個小小的、溫暖的東西或能量，「倏～」地從我的下腹部或丹田往上移動，就像是氣泡從水面下浮到水面一般。

這似乎是我此生的第一個拙火體驗。其實，我不確定那個禱告到底喚醒了什麼。在那之後，我的生活重心仍舊在戀情裡，並沒有任何對靈性成長的渴望。

也許，我的情感之前太過壓抑，所以其實在遇見初戀男友前，我才經歷過一個很不好的體驗，也就是我的第一次性經驗。那是一個酒精加上表錯情、會錯意的失望體驗，讓初來乍到的我難受了一陣子。而之前之所以壓抑，除了整個教育環境反對身為學生的我們談戀愛之外，還包括了父親在這方面的管教。我記得國中畢業那天，有一個男生打電話到我家，我接起電話後父親剛好回到家，我嚇得馬上掛上電話。

許久許久之後，我才從靈性教導中得知，我們親密關係的狀態直接反應我們與父母關係的狀態。但是我發現不僅如此，它也常反應我們父母之間的關係狀態。

我想，我對第一個男友從覺得有點高攀，到熱戀，到疏遠（因為我回到台灣，他留在美國），到感到背叛，到徹底失望幻滅的過程，可能直接反映了母親對父親的心路歷程。而在還沒有看清之前，即使我們換了枕邊人，也還是會上演同樣的戲碼。

生命就是這樣的一場遊戲。誰先看清，誰就贏了。因為覺悟而贏得的獎品就是平靜、智慧等等靈魂真正想要的東西。成長才能抽高，抽高才能看到全局。

而在與初戀男友正式分手的晚上，我就結識了第二個男友，甚至就有了我們的第一次約會。然而，其實當時就讀研究所的我還在哀悼上一段戀情，所以這一段也無疾而終。分手一年後我們又因為通信而復合，成為遠距離戀人。然而，當時的我在情感上還是破碎不完整的，潛意識中對於愛情有許多負面的程式，所以在他很久沒有出現在我眼前時，我慌了，也因此讓他有了分手的念頭。分手之後，我感冒一個月都不好，也就造成了我走上修行道路的契機。

這就是我生命中的第一個分水嶺，第一個分頁線——靈修前與靈修後。

在接觸靈修後，我的世界有了一百八十度的大轉變。

表面上，我仍舊是原來的我，有著同樣的工作與生活，只是每天多了「修煉」的動作。我參加的法門鼓勵我們每天修煉老師教的功法，而我也感受到如此作對我的身體、精神上的好處。但是，更重要的是，我開始了悟許多我以前毫無覺知的事物的道理。我甚至了悟我這輩子來世上，就是要做靈性的工作，即便當時我還不知道它確切的意涵。

然而，這樣子靈光充滿的日子沒有多久以後，挑戰也降臨了。

一九九九年九月二十一日，台灣發生芮氏規模七．三級的地震。然而，在我的生命中，有比九二一更震撼、更慘痛的事情發生——九二一的晚上，母親在電話中向我哭訴，說她的病復發了。

母親在我仍在美國大學就讀時罹癌。當時我並不知情，因為她叫其他人不要告訴我，我暑假回台時才得知。那時母親已動了手術了。在當時，這個病沒有像後來那麼普遍，在一般人眼中，它屬於「絕症」，所以我們家一片愁雲慘霧。後來母親的病情控制的不錯，我也在回台灣後又申請到美國的研究所（也是在母親鼓勵之下），所以我又回到美國。

九二一的那通打回家的電話，是我有記憶以來好強也堅強的母親第一次向我求助。我第二天就向上司提出了留職停薪三個月的請求，在二十四號搭上飛往台灣的班機。

然而，回到家後，真正的旅程才開始。

我抱著一顆單純的心，回到台灣陪伴母親開始上醫院作化療放療的過程。那時的治療不像現在去門診打個針就可以回家休息，都是要住院好幾天，副作用也嚴重許多。而我此時不僅是母親的女兒，也是母親修行上的夥伴，因為在我開始靈修後，妹妹來美國玩時也莫名其妙的加入被點化受傳的行列，之後她回到台灣，母親也跟著我們的腳步，加入了同一個法門，所以我們又多了「師姐妹」的關係。而那時我的覺知已經被開啟，但是內心許多從小到大的傷痕尚未療癒也不知道如何療癒，所以在三個月結束、母親治療告一段落、我決定搬回台灣時，才真正開啟了一段又甜又苦，五味雜陳的內在旅程。

返回台灣後，我一邊工作，一邊與母親一起每天修煉。我們常在早上六點跑去國父紀念館練功，之後我會幫母親做大愛手——一種狀似按摩或靈氣的能量調理。我們也參加每週一次的團煉，以及連續數天的密集課程。在團煉與課程裡，我總是有很多的感動和體悟，甚至洞見，但母親比較沒有這方面的體驗。

慢慢地，我們的角色像是互換了一樣，母親變得比較像一個小跟班。有一次，有一位同修甚至說母親比較像是我女兒，我比較像媽媽。我的確感到有些東西怪怪的，但是也不知道如何改變這樣的現象。

終於，某一日，我似乎看到了我們關係的真相。

那時母親與父親已辦了離婚手續，但是仍然住在一起。而每天早上我和母親修煉之後的極佳狀態（能量暢通，平靜喜悅，光愛充滿），常在母親回家看到父親之後就被破壞。她似乎只要看到父親就有氣。有一天，我終於向她提議：「妳既然離了婚，為什麼還要跟爸住在一起？搬出去吧，我可以和妳一起搬出去住。」

沒想到，母親的反應卻是這是她的錢買的房子云云。當時的我很訝異，因為母親曾經不止一次地在聽聞身心靈的道理之後流下眼淚，對我說她知道她為什麼會得這個病（也就是累積了太多的負面情緒）。但是，此時她的回答卻讓我感到，她不想放下，她不想改變生命。

在那之後，我開始沈思一些事情，也逐漸瞥見，原來我一直在扮演不屬於自己的角色。

我就像是一個代理丈夫一樣，在母親生命 無形中取代了父親的位置，甚至在母親病後開始扮演母親的救世主、醫生、療癒師；但是，生命此時就讓我看到，**即便是再偉大的療癒師，也不能去改變一個人的自由意志。除非當事人自己想改變，否則，再多的道理，再多的教導，也無法使他／她轉化。**

那時的我，開始在這一齣八點檔中體驗到挫敗與無力，即使我的心智無法馬上辨識出它的根本原因。在靈魂層面，我知道我在扮演別人的角色，而這造成了我的痛苦；但是在身心靈合一的程度還不透徹時，我只感覺到沒有意義、沒有樂趣。

我想母親也感覺到了。總之，有一天母親在醫院複檢時，當著我的面和我阿姨說了一句話，一語驚醒了夢中人。

那時，我們三人在病房裡。忽然，她用嘆氣的口吻說：「我覺得啊，做小孩的如果想要孝順父母，就該讓自己快快樂樂的！」

在旁邊整理東西的我，聽到這句話時嚇了一跳。

我不快樂嗎？我為什麼不快樂？

對於幾乎每天都形影不離的我們，母親這樣子的陣述從來沒有發生過。而且，這完全不像依賴我的母親會說的話！

多年以後，當我開始寫回憶錄時，我才發現，原來母親那時已經試著在對我「放手」。雖然她後來在軟弱、虛弱時曾試圖再抓住我，但是她的內在、她的靈性其實一直都是想讓我自由的⋯⋯那是名副其實的天人交戰啊！辛苦了母親！

還記得，在那次檢查之前，我和母親第一次去峇里島遊玩。而一下飛機，還沒抵達任何景點，僅是聞到當地的空氣時，我竟然對母親說我想來這裡住一陣子。那是一種靈魂的悸動，一種憶起，一種回到家的感覺。

所以，在聽到母親的這句話、經歷一段內在探詢的過程之後，我毅然決然決定前往巴里島。我不知道我在巴里島會有多快樂，但是我知道我會比現在快樂。

於是，我又回到了像小鳥般自由自在的生活。更重要的是，我在巴里島經歷了性能量的喚醒與療癒。那是我沒有預料到的。

然而，在過了近一年在天堂般的生活之後，有一天，在陪從美國來訪的友人去烏布市集購物時，我接到從來不打電話給我的父親打來的電話。我只記得，當時和友人走在色香味俱全的市集裡，在巴里島晴朗無雲的天空下，但是這一切頓時失去了意義。

我再度因為一通電話飛奔回台灣。等我回到台灣時，母親已經不能下床。在三個多月與父親、後來回台灣的妹妹輪流跑醫院的日子之後，也在一個與母親心靈相通、愛圓滿的時刻後，母親在醫院裡辭世，享年五十九歲。

那是一個神聖的時刻。半夜，我和父親先趕到醫院，妹妹後來在凌晨趕來。母親在家人都到齊之後不久就走了。

我的手本來放在母親的手上，但是**突然，我感覺到有一件神聖的事在發生，而我的手似乎不該碰觸她的身體。我與妹妹不約而同的跪下祈禱，然後，母親就離開了。**

母親走的時候是凌晨六點。我馬上通知靈修團體的同修們，他們之後也來醫院和我一起用靈性的方法祝福母親，送她最後一程。只記得母親走的時候嘴巴微張，但是後來嘴巴闔上了，表情也變得更安詳。之後母親的大體就根據伊斯蘭教的傳統，在當天便移到清真寺。不可思議的是，在阿訇問我們母親的教名為何時，因為我們都忘了我們的教名，我們全家人，包括母親，在當天都得到新的名字。

母親是在週三走的，在週五（回教的禮拜日）就下葬。在那幾天裡，我們一家人只有像是跑完馬拉松的疲憊感，沒有能量也沒有時間去感受任何情緒，包括悲傷。

而我，在母親走後，回到我的天堂巴里島收拾要搬回台灣的東西。沒有想到，我內在的悲痛、懊悔、不捨、自責在某個晚上全部化成一道道的火舌，差一點就把我吞噬⋯⋯

沒有經歷父母逝去的人，永遠不能體會那有多痛，無論別人如何描述。不管別人如何規勸要珍惜與父母相處的時間，那都只是紙上談兵。也沒有任何事或方法可以預備你經歷這樣的痛苦。

我曾經以為，失去父親或母親，會像少了一塊肉一樣。後來我才知道，不只是少一塊肉而已，而是完全失去自己。

那份摯愛，那份最親的愛的不在，不僅是留下一個大大的缺口而已，而是成為了一生無名的追尋。

在與火對峙了一個夜晚之後，第二天我在隔壁房間的瓷磚地上沈沈睡去。我做了一個夢。

我夢到我是一個小女孩，我和我媽媽在一條河旁邊躲避壞人。為了躲避壞人，我先躲去河中央的一個石頭裏。但是媽媽不知道，她急忙地跑來河中找我，竟然就被河水沖走了！等我從石頭中走出來時，發現媽媽不見了，於是我也跑進河之中…

夢醒之後，我放聲大哭。原來我的內心這麼的想要跟媽媽一起走！

我做對了嗎?!我做錯了嗎?!我到底是誰??我到底要什麼？這一切的問題不停的在我心中迴旋，伴隨著莫大的無力感、失落、挫敗感、以及無以名狀的悲痛。隨著母親的逝世，我的身分認同似乎也消失殆盡。我不禁不是任何人的救世主或代理丈夫，我連一名女兒似乎都不是、都沒有扮演好！

在這浩瀚的世界裡，我到底該如何自處？我到底該聽誰的聲音?!

我沒有其他的方法。我只能繼續的在靈性的道路上行走，即使像是一個行屍走肉。

幾個月後，在一個密集的靈修課程當中，我也驚訝的發現，原來在能量層次上，我真的失去了我的小孩。我感到子宮隱隱作痛，當我深入去探究時，我發現它痛，是因為它覺得失去了孩子。

所以，我的生命是解不開理還亂的最好寫照。在進入靈性的大觀園之後，我雖然在某一方面得到了更多的清明，在另一方面也產生了更多的困惑。因為我有比一般人「複雜」的成長背景，也許也有比較敏感細緻的覺受，也因為還沒有究竟。

幸好，上天沒有忘記我。在母親住院的那一段時間裡，我接觸到奧修的書。在當時，我就有一個想法，覺得我這輩子一定要去印度的奧修社區參觀一下。母親走的隔一年，我便實現了這個願望。

那是我第一次踏上印度這塊土地。沒有想到，這個緣份一結就是十年。在這十年裡，我不僅因為個人的靈性成長去印度，我還因為幫助他人的靈性成長去印度工作。

回想起來，那是上天慈悲我，知道我一心想在靈性上成長，也知道我需要維持生計，所以讓我變成印度合一大學靈性課程的口譯。另一方面，我也看到這一切其實都是已經安排計劃好的，在這地球轉變的關鍵幾年期間擔任翻譯的工作，是我的靈魂已經同意的，即便我一直都知道，它是一個階段性的工作。

在靈性的道路上載浮載沈幾年之後，終於在二〇一一年，我因為在印度工作時進入一個極端的心理痛苦而獲得突破。那是一個被人誤會的事件，而我百口莫辯，因為當時的我在新的課程裡拙火上升地非常厲害，甚至到下半身沒有辦法動的地步。所有的人，包括我自己，都以為是因為我感冒又翻譯搞得自己太累，完全不知道那是因為拙火（亢達里尼能量）上升的關係。

當時的我，因為這樣不僅需要別人攙扶，而且還不時發出「狂喜」的笑，引起一些人的誤會。於是，我被冠上不敬業不專業的罪名，甚至被威脅。在某一刻，我頂著滿臉的淚去向老師告狀。沒想到他建議我直接進入課程。

第二天，我聽學員說有新的翻譯來，我抱著滿懷的憤怒與委屈，進入一位拙火也上升的同學告訴我的自修閉關室。我之前都不知道有這樣子的一個房間存在。

整個房間裡只有鋪在地上的草席以及一個小聖壇，窗戶與窗簾都關著。聖壇沒有任何豪華的裝飾，只有合一大學創辦人的照片以及蠟燭。

我開始對著照片咒罵。我罵天罵地罵人，還罵學校罵老師，甚至包括學校的伙食。我罵帶團人的素質這麼差，我罵學校的老師事前沒有給我們做心理準備，我罵沒有先人告訴我們拙火經驗會這樣子呈現。最後，我罵神。罵那個只會在空中冷眼旁觀的「超越一切」的神。罵完之後，我跑到旁邊靠窗的地上躺著，不知不覺就睡著了。

我睡醒後看看手錶，也差不多下午一點了，是用午餐的時間。於是，我緩緩的起身，走到聖壇前，不知為什麼還是依照慣例做了一個大禮拜。

就在我拜下去的那一刻，一切都改變了。

從那一刻開始，我連接上了我的內在神，我的高我。

漸漸地，我的生命輪廓變得越來越清晰，我的步伐變得越來越篤定。更重要的是，**透過高我的視野，我變得越來越認識自己、愛自己，對以往所有內在的掙扎、迷惘與外在的謬誤、執著有越來越多的透徹與慈悲。**

我赫然發現，**當我真正的愛自己、接納自己時，我在靈性成長的路上才開始突飛猛進**，像小鳥一般的展翅飛翔。

在二〇一二年，我的身心靈工作室正式成立。我開始以作能量療法與授課的方式扶持有緣人們，同時也發現，有這麼多的生命，與之前的我一樣，在人生的道路上迷惘、掙扎。有許許多多的人，也以愛之名在扮演不屬於自己的角色，以致於一直無法找到自己、認識自己、愛自己。

於是，這本書在我的心中慢慢的成形。我希望藉著我自己的故事，以及高我的話語，能夠鼓勵更多的人去認識自己的靈性／神性／佛性面，因為，那才是真正的和全面的認識自己。

2

自戀型父母，犧牲型小孩

在我踏上靈性的道路之前，我對於自己與母親的關係沒有太多的想法，也沒有察覺到，我與母親其實一直在一種又愛又恨的關係中。

我只是隱約記得，我曾經懷疑過母親是不是真的愛我，也曾經感覺到母親對我的嫉妒。實際發生的事情細節我已經不記得，但是那個心中的問號……當然，我一直都知道母親有她虛榮的一面，那並不與她愛我的事實有所衝突。如果有什麼地方讓我感到矛盾，導致壓抑的憤懣成為輕微的怨恨，那應該是從小到大當她的情緒讓我感到無所適從的時候。

但是母親對我與妹妹的照顧與寵愛是無庸置疑的。所以，就如多數人用理性的聲音壓過情感的一樣，我對這個小小的問號也沒有給予太多的注意。而且，我在外國留學的費用都是母親資助的，我又有什麼理由什麼藉口要去抱怨、懷疑她的愛呢？

只是，在成為求道者之後，過去壓抑的種種情緒因為靈性修練，如同污漬在洗衣機中浮到水面一般，逐漸浮現到檯面，我開始察覺、憶起內在對於父親母親一些微妙的感知……而在近幾年，我更發現，原來他們都有所謂的「自戀型人格」特質。甚至，透過我的個案，我也發現許許多多的父母和「高成就者」都有自戀型人格障礙（Narcissistic Personality Disorder）。正如最近有一本暢銷書叫「情緒勒索」，許多會情緒勒索的父母其實都有自戀型人格障礙。

什麼叫做自戀型人格障礙，而自戀型人格的父母又有什麼特徵呢？

自戀一詞（narcissism）出自於希臘神話，關於一個美男子拒絕女神的求愛，反而愛上自己在水中的倒影。雖然名稱叫做「自戀」，但是其實有自戀型人格的人並不愛自己，也不懂得如何愛自己。正是因為不愛自己，所以一直向身旁的人尋求愛、關注與認同。他們表現得好像他們是世界的王，地球是圍繞著他們在旋轉一般。他們傾向於誇大他們的成就，特別喜歡別人讚美他們，表現為吃軟不吃硬。他們的行為舉止似乎理所當然享有特權，即使沒有任何的理由顯示他們應該有特權。他們常常讓別人感覺他們很高傲、目中無人，因此人際關係不是很好。更重要的是，他們本身也缺乏同理的能力。他們無法站在別人的立場看待事情。

根據二〇一三年的美國「精神障礙診斷與統計手冊」中的敘述，具有自戀型人格障礙的個體具有大多數或全部以下症狀：

一、期待別人對自己有特優待遇，即使沒有明顯原因或動力

二、固守於對權力、成功、智商、外表等的幻想

三、自我感覺為獨特的、優越的、與崇高地位的人和機構相關聯

四、需要他人不斷的欽佩景仰

五、感覺自己應享有特殊待遇和他人的服從

六、為了自己的利益剝削他人

七、不願意同理他人的感受，願望或需要

八、強烈羨慕別人，也相信別人對他們同樣羨慕

九、自大傲慢的態度

簡而言之，自戀型人格障礙者就是不會愛的人。他們的內在有很深的恐懼與不安全感，因此他們需要別人經常的關注與認可。因為內在感受不到價值，他們傾向於認同外在的價值，例如外表、收入等等：他們缺乏與別人建立親密關係的能力，因此通常婚姻不是很幸福。

有自戀型人格障礙的父母，常會讓孩子感覺自己是父母的附屬品。孩子還小時，可能會覺得理所當然，因為自戀型的父母在聚會中常常會高談闊論，散發出明星、領導者般的氣場。孩子甚至會崇拜父母，而自戀型父母也視為理所當然。然而，當孩子要長大時，自戀型父母會無法接受，因

為當孩子有自己的意志與聲音時，他們感到受威脅。他們習慣掌控一切，認為權力=愛，家中的大小事都是他們說了算。或是，他們讓孩子承擔不屬於孩子的責任，迫使孩子變成「小大人」。孩子一開始可能還覺得與有榮焉，因為自己被當成大人看待，直到他／她開始招架不住。

有自戀型父母的小孩，常常不知道自己是誰，不知道自己想要什麼，長大之後，也不知道自己為什麼會選擇這個工作，或是與這個配偶結婚。自戀型父母之間的婚姻若不是很美滿，常會把情感寄托在孩子身上，孩子常會變成父母的閨蜜，甚至在心理上扮演配偶的角色，因此很難擁有自己的家庭，或是有自己的家庭卻不幸福。孩子因為父母對自己情感上深深地依賴而感到痛苦，但是也無法離去。孩子甚至相信自己無法擁有自己的人生，因為自戀型的父母只看到自己的需要，無法同理他人的苦處，也不知道怎麼樣的行為會造成他人的不方便，因此，孩子被期待要隨叫隨到。自戀型的父母也常常會向一個小孩抱怨另一個小孩，因為他們意識不到自己的言語或行為對他人的影響，直接或間接導致兄弟姐妹之間的不和。

許多有自戀型人格障礙的人在職場上是頗為成功的，因此造成孩子的完美主義，因為自戀型的父母會以成就來衡量孩子的價值，讓孩子覺得如果自己沒有成就，就沒有價值，並無法停止證明自我價值，即便他／她在別人眼中已是很成功的人。也有一些自戀型父母的孩子會採取相反的路徑，以低成就或自暴自棄來報復自戀型的父母。通常這會是在家庭中比較不受自戀型父母稱讚、重視的那個孩子。

自戀型父母在養育孩子方面的幾個明顯特徵如下：

一、擅長用罪惡感驅動和控制他人

二、只看得到自己。什麼事情都是關於自己（自己對孩子的期望，自己的面子），而不是關於孩子的需要與想要

三、沒有辦法同理孩子的需要。對孩子的處境欠缺感同身受的能力。常會認為孩子太懦弱才會「有那麼多感覺」

四、情緒起伏大，有躁鬱症或憂鬱症症狀，讓孩子感到害怕和無所適從

五、用軍事化的訓練方式教育孩子

六、用恐懼驅動孩子

七、視孩子為「財產」

八、不希望孩子長大。不鼓勵孩子有獨立思考與自主權

九、會與孩子比較，甚至競爭

自戀型人格在父親與母親身上，也常因性別不同而展現出不同的主要特質。在父親身上，可能展現出更多的控制與恐嚇。在母親身上則是較多的利誘、討人同情、以內疚驅策你的行動（情緒勒索）。兩者都是關於掌控，但一個是直接與明顯的掌控，一個是暗地裡掌控。

而被自戀型父母養育大的人，可能有以下幾個明顯的特徵：

一、覺得自己不是生命的主人，甚至不是自己生命的主角。這輩子似乎是來還債的

二、自尊心低，無論外在條件有多麼的好

三、物化自己，看不到自己真正的價值

四、壓抑自己的情感與內在聲音

五、覺得自己需要為週遭人的快樂或痛苦負責

六、沒有自我，不知道自己是誰，與自己的使命為何（為什麼在這個世界上）

七、覺得與自己的生活或身體／情感脫離

八、常常有焦慮感、無助感、羞恥感與罪惡感

九、無法享有／享受成功

十、感覺很孤立、孤單，就像一個孤兒一般獨自存在在世界上

十一、很難信任他人，很難與他人建立親密關係

十二、偶爾或經常會有不想活的念頭

十三、你的「原廠設定」可能常常與別人相反：例如，你下意識認為愛就等於痛苦或被控制，認為感受或表達感受等於被處罰或忽視。

在這裡也許需要強調一點，其實許許多多的父母都有自戀型人格的特徵，重點只是程度上的差異而已。尤其是自戀型人格障礙的起始都是因為創傷而來，所以如果父母是經歷過戰爭的那一代，或是戰後的一代，基本上也許多少都會有自戀型人格。也許，這也可以解釋為什麼現在中年或青年的世代有這麼多人感到沒有價值、失去方向。

記得我多年以前在一次靈性修煉時，無意中看到父親的內在在十四歲時即停止成長。因為父親很少談他小時候的事，我也是後來才輾轉得知他大約是在那時候從北京搬到台灣來。我相信他那時候吃了不少苦，無論是身體上或心理上的，因為他是大家族中的長子，小時候必定是被捧在手心上長大的。總之，自戀型人格不是天生的，是因為創傷之後心關閉所致。

自戀型父母的課題為什麼那麼的困難，就是因為被自戀型父母養育大的孩子通常自我價值感很低，因此即使他們覺知自己處在一個非常不健康、非常病態的情況下，他們也無法走出去。這樣的孩子通常與父母已發展出共依存／共依附關係（codependency），再加上華人的文化如此重視孝道——「百善孝為先」、「天下無不是的父母」——導致所有的人都怕被冠上「不孝」的罪名。許多人就這樣，永遠把他人扛在自己肩上，犧牲了一輩子的幸福，還誤以為這就是愛。

可怕的是，即使自戀型父母的孩子鼓起勇氣為自己出征，離開家裡，不再與父母互動或減少互動，他／她的內心也總是充斥著內疚。或者，在外在世界總是遇人不淑，一方面因為內在還沒有療癒，還是處在自我價值低落或不愛自己的狀態，自然吸引不到好的人；一方面是潛意識還在驗證父母所說的是對的（「外面很危險」「你最好不要長大」…）事實上，這樣子的孩子在親密關係中常常會重複小時在家中的模式，也就是常覺得需要討好對方、把自己的價值依附在對方的認可上…等等。

所以，在療癒的過程裡，自戀型父母的孩子必須要先學習做自己的父母。學習給予自己父母從來沒有給予過你的那份全然的愛與接納。然而，這需要空間與時間。更重要的是，你需要與自戀型父母劃清界線，來有個人的心理空間療傷。

自戀型父母的孩子，常常無法區分什麼是自己的聲音與他人的聲音，因此，**擁有健康的個人界線，是療癒自己的第一步，這代表你要開始學習**

說「不」。先對自己能力之外的事說不，然後就要對自己能力範圍之內、但是自己不想做、不喜歡的事說不。尤其是那些根本不屬於你的責任的事。

你只要想想，如果你真的愛一個人，例如你的孩子，你會真的想要把他自己的責任奪走嗎？你會真的想要她變成一個生命的殘障、愛的殘障嗎？答案應該是很清楚的「不」。如果是這樣，你為什麼要剝奪你父母的生命責任呢？只是因為他們年事已高？年紀大的人就沒有成長的權利與空間嗎？還是你認為，年紀大的人就不可能改變？

請注意，我這裡指的是有自戀人格障礙的父母，或是在共依存關係中的。如果你非常樂意為你父母付出，這代表你們的關係是健康的，付出與接受是成正比的，這並不在我這裡的討論範圍之內。然而，的確有許許多多的父母是用索求、威脅、恐嚇的手段對待下一代，期待孩子們無時無刻為他們付出。

如果你也是自戀型父母的小孩，也許，當你還小時，你無法為自己挺身而出，但是現在你長大了，你有責任要愛你自己，善待你自己。是的，你只能為自己的快樂負責。把屬於別人的責任從肩上卸下，交還給他們吧！

其實，親子關係就像放風箏一樣。父母如果把手中的這條線拉得太緊，子女就無法飛高。有自戀型人格父母的子女們，有時候就是必需自己先切斷這條線，才能有自己成長的空間。等你展翅高飛之後，父母們往往才有機會能真正看到你這個個體，而不是他們心目中的兒子或女兒。

諷刺的是，這一切也都是因為他們不知道如何愛自己。如果他們知道如何愛自己，滋養自己，他們就不會一直視你為他們愛與安全感的泉源。試想一下，有自戀型人格的父母就像沙漠中缺水的人，他／她會一直向你討水喝，直到他／她發現自己包裡就有水。

妙的是，**當你開始說不，你會發現他們對你的態度也開始改變，因為你對自己的態度改變了**。不管父母有沒有自戀型人格障礙，他們仍舊是我們的一面鏡子，會如實地反映出我們對自己的態度。而當你開始不再背負別人的責任、不再討好別人時，你也會發現這**一切都不是針對你。**過去你可能非常的自艾自憐，心想為什麼應該是世界上最愛你的人卻是你的敵人。其實他們從來不是有心要傷害你。他們不懂得愛自己，自然也不會懂得愛你。他們沒有同理的能力，並不是故意看不到你有家要養、有班要上、有小孩跟寵物要顧。

而當你更深入地療癒自己時，你會發現，建立與父母之間的外在界線也許還算容易，真正困難的，是去面對自己內在那個想要賴在別人身上、要父母抱不要自己走路的小孩！但是，一旦你能超越、療癒這個內在的「寄生寶寶」，你在親密關係中的問題可以說已解決了一大半！

更多建立界線的方法：

1、**實驗說「不」。**把拒絕別人當作一個實驗。帶著好玩的心情做。不需要太嚴肅。一開始你可能沒有辦法直接說不，找出其他說不的方法，例如：「我考慮清楚後再回覆你。」。但是不要說謊。

2、**知道辨識與批判的不同。**你不需要去批判你的父母，但是你需要運用你的辨識能力。辨識什麼時候是你真正需要出面幫助他們、什麼時候應該拒絕他們、什麼是事情是你的責任⋯⋯。

3、**學習表達自己的感覺與需要。**

4、**真的受不了的時候要切斷。**要懂得保護自己。

5、**崩潰。**你可能會想這個算什麼方法？但是它的意思是真實的表達你心中的感覺。有時候對方的話和態度就是傷了你的心。我就曾經有在家人面前崩潰的時候，當然那時不是故意的。後來發現對方的確有所改變。

自戀型人格患者與自我犧牲者都是從匱乏出發，這就是為什麼他們是彼此最好的搭檔。**如果你想要脫離這樣牽纏痛苦的模式，你必須增長對自己的愛，使內在不再匱乏。**

另外，這裡是高我針對自戀型父母的孩子的療癒所說的話：

首先你必須了解這一點：

天下沒有完美的父母！

英文有句話說：「犯錯是人性。」（To err is human）現在，如果你為人父母的話，你需要把這句話×10倍！

自戀型父母的孩子們最常感受到的情緒就是自艾自憐，尤其是當他們看到別人的家庭很幸福時：「為什麼他們可以有這麼棒的父母?!我為什麼不能有這麼有愛的父母和正常的家庭?!」你必須知道的是，家家都有本難念的經。**沒有父母是完美的，也沒有家庭是完美的。**人們當然會對外表現出最光明最正向的那一面。不論你的父母如何養育你，你也享有過快樂的時刻。**不要拿自己的內在與他人的外在比較。**

第二點你必須了解的是，你可以視這個情況為你必須要比其他人更擅長愛自己的一個機會，也許你需要成為一個自愛的大師！因為你有那麼多的反面教材，才促使你想要去到光譜的另一端！就像因為你已經見證與體驗過什麼叫「疾病」，你才會有這麼多的動力要去體驗「健康」一樣！這就是對比的作用——二元性——將它視為一個成長的工具。**有智慧的人能利用任何事情來成長**，而的確，在你生活中的每一件事都是來幫助你成長與擴展的，因為生命的重點就在這裡。

所以請好好的應用自己——好好的讀這本書，用書上的方法愛自己，甚至發展出你自己愛自己的方法。你的靈魂選擇你的父母作為父母是有原因的。你不是隨機的某天就突然出現在你母親子宮裡的！靜心沉思為什麼你選擇他們作為你的父母，你在這裡是要學習什麼⋯⋯你選他們作為你的父母的目的是什麼？也許你也會寫一本關於自愛的書？也許你會療癒自戀型父母或犧牲型小孩？也許你要教導人們正確養育小孩的方法？

第三點，請放下你對父母的任何責怪。你已經知道責怪是沒有用的。如果你裡面還有責怪，請如實體驗它（參考體驗痛苦的章節）。在你完全體驗它之後，你就可以釋放它。你一定要明瞭，無論他們怎麼虐待了你——不管是情感上、身體上、財務上甚至是性虐待——在內心的最深處、靈魂的最深處你仍然愛著他／她，並且你仍然希望他／她接受你。**愛父母是人的天性。你無法與你的天性對抗**——你不會贏的。所以，無論你必須離他們多遠才能感到身體上或心理上的安全與自在，在情感上與靈性上，你必須知道你仍是他們的孩子，你仍然與他們緊密連結著。

你可以做一件事，就是與他們的靈魂溝通。或者，你可以趁他們晚上睡覺時對他們輕聲說話。你不需要說謊⋯⋯就讓自己自然、誠實地表達心聲。因為這個對話是發生在心的層面，你不需要「有禮貌」，或壓抑任何的感覺，那麼作就失去了對話的意義。其實，他們在靈魂的層次也都知道真相。但是你還是需要去做這個溝通的動作。

心與靈魂總是知道真相。只有頭腦才會掩飾。

與他／她的靈魂說話。當你在靈魂的層面運作時，你就是在最高的層面創造改變。但是請注意，你並不知道、也無法控制這個轉變什麼時刻會出現在物質（身體的）層面。你也不是為了創造小我想要的特定的改變（例如，請他給你多點遺產，請她更常幫你帶小孩）來作靈魂的溝通。基本上，**靈魂的溝通，是為了表達愛，因為靈魂就是愛。**

找個時間，點上蠟燭，靜靜坐著，回到心中，在內在看到他／她的影像。告訴他／她你的確愛他，因為那是真相。你只是無法與他／她相處，因為當他／她不信任你愛他／她，或當他／她視你的付出為理所當然時那很傷害你…或不論什麼樣的話語符合你的情況。你的心會引導你。

你也可以拿一張他／她年輕時的照片，也許是結婚前的，或是生你之前的照片。看進他／她的眼睛…他／她的夢想是什麼？他／她的心願？它們實現了嗎？他／她快樂嗎？與照片中的人對話…給他／她的父母沒有給予的那份愛與接納。

是的，在真實生活中你也許已經扮演過他們的父母的角色，而你也扮演累了，但是在這裡，你只是一個生命愛著另一個生命，因為在靈魂的層次上，愛就是你的本質。所以你的時間不會被消耗，你的精力不會被消耗……當然，仍然要尊重你內在的感覺，只有當你內在感覺對時才做這個程序，好嗎？**身為自戀型父母的孩子，你必須要學會傾聽並榮耀你內在的感覺，而不是做一件事因為你認為你「應該」做。**

祝福你們。

有一個故事，關於一對走鋼索賣藝的父女，它是這麼說的：

在準備走鋼索之前，父親對女兒說：「女兒啊！等一下我幫你看著路，你幫我看著路，這樣子我們互相幫忙就不會出差池！」

女兒低頭看了一看，對父親說：「不，爸爸，應該是我專心的走我的路，你專心的走你的路，這樣子才不會出差！」

在我二十年前開始靈修時，那時候還沒有自戀型父母這個名稱。那時，我只是覺知到父母親的內在都是受傷的。只有痛苦的人才會讓他人痛苦。只有未療癒的人才無法同理他人。在某方面，「天下無不是的父母」這句話其實說的也沒有錯。父母從來沒有心要傷害我，但是，這代表傷害沒有造成嗎？不，傷害有造成。我相信，撇開所謂的「孝道」不談，關於自戀型父母或任何失能家庭中不恰當的養育模式，我們需要就事論事，才能夠讓這樣子的惡性循環不再延續下去，造成更多人的傷痛。

回過頭來看，其實母親也一直沒有做自己。或是，她讓別人的聲音掩蓋了她自己內心的聲音，繼續的扮演她不想扮演的角色。然而那只是一個外殼在空轉，內在已經空虛，沒有動力，導致後來她的身心整個崩盤。身為女兒的我，一方面為她的痛苦而痛苦，一方面也在內心怪她，為什麼不懂得愛自己??為什麼不好好的照顧自己的需要??錢少賺一點不會死，但是失去了健康，我和妹妹也就失去了我們最愛的媽媽！

總之，在我經歷過這麼多的生命過程、尋尋覓覓過這麼多的方法、也看過這麼多自戀型父母與小孩的實際例子之後，發現的是，這是一個最艱難，卻可能也是最容易解決的生命核心課題。**當你把這個結解開，你生命中的一切都會改變。**

我的結論是：自戀型父母的孩子，你真的必須實實在在地體驗你的痛苦、接待你的負面情緒，讓這個似乎永遠無法擺脫、永遠無法超越的水深火熱的煉獄成為你覺醒的契機！

3

回到生命閃耀之處

愛自己的方法與心法

許多人知道
靈性成長的道路
是螺旋形的

但是
這個螺旋並不是往外旋
它其實是往內
回到你的起始點
生命的原點
放下、洗掉所有後天的程式、制約、沾染

回到原點
那個本來無明鏡，何處惹塵埃的點
你的本我
就是人神佛交會之處

回到生命閃耀之處
那才是你真正想追求的
它不是關於給現在的你添加些什麼
也不是現在的你少了些什麼
而是脫掉從小到大，一件件加諸在你身上的國王的新衣

「愛自己」近年來似乎已經變成一句口號。從勵志書籍、健康雜誌到各式各樣的廣告標題，這三個字幾乎無所不在。但是，要真正進入「愛自己」之前，我們必須先了解是什麼讓你無法愛自己。

我們所受的教育，不論是家庭或是學校裡的，都不鼓勵我們去認識自己與自己的價值。在許多的教育系統裡，孩子反而是最不被尊重與重視的那一方。所謂的乖孩子就是聽大人話、遵守別人已制定的規矩的孩子。教育的方式也不鼓勵孩子去獨立思考、為自己做決定。當孩子不能為自己做決定時，他當然也就不需要為自己負責任。就這樣造成了許多的「媽寶」。所以，「愛自己」雖然只是短短的三個字，但是涉及的範圍非常廣大深遠。

愛自己，與其說是一種方法，不如說是一種心法。說起來簡單，但是在我們華人重視家庭、團體的文化裡，作起來不一定容易。

從小我的生活就是被安排的好好的。這是我的父母表達愛的方式，我相信也是許多華人父母表達愛的方式。然而，不管一個孩子有多麼乖巧，多麼想要聽父母的話，遲早有一天，他內在會有自己的聲音出現。這個時候，做父母的是否能夠給予他空間，讓他在生命中探索呢？這不但會影響孩子的一生，也會影響孩子與父母之間的關係。

大家可能都知道陳美的故事。她是一位來自新加坡的華人小提琴家。她年少時就紅遍全球，唱片銷量超過千萬張。二十七歲便擁有三千二百萬英磅身價，登上泰晤士報三十歲以下年輕富翁榜榜首。

然而她的成長過程並不快樂。因為母親的堅持與嚴厲督促，練琴佔據了她生活的全部，到二十歲前都不會自己過馬路，因為母親怕她傷了手甚至被綁架，所以她未曾獨自出過家門。

她二十一歲時辭退母親經紀人職位，從此母親與之決裂，連她的面也不見。

然而，陳美在二〇一四年時為了參加索契冬季奧運「高山滑雪女子大曲道」項目，曾中斷音樂事業一年，結果拿下最後一名第六十七名。雖然這個成績與她在音樂上的成績無法相比，她仍表示「很幸運能從藝術家變運動員，就算是完賽的人裡最後一名也好」。

陳美的故事，值得我們很多人省思。即便她專輯賣出千萬張、身家逾二百億元台幣，她仍然想要自由，仍舊想完成小時候成為滑雪選手的夢想。我們每一個人又何嘗不是如此呢？

因為，為自己的夢想付出努力，即使身邊的人都不支持你時，就是愛自己的行為。

然而，生活中有多少人能像陳美這樣，願意去走自己的路，無論代價為何？大部分的人即使可以像她一樣寧願與母親翻臉，但是仍然無法逃脱內心的罪惡感。

因此，在講到愛自己之前，我們需要先談談罪惡感。

罪惡感

罪惡感，不是華人的專利，但是在我的療癒過程之中，我發現因為我們從小所受的制約，我們很難在選擇走自己的路時免於罪惡感。

許多人的童年也和我的一樣，一切都是被父母安排好的，我們不需要去獨立思考，去想自己要的是什麼。長大後，當我們的願景與父母對我們的期望有衝突時，我們要嘛就是放下自己的願望，要嘛就是背負著叛逆的罪名、背負著罪惡感去尋夢。

但是，一個有罪惡感的人無法真正的愛自己，因為那代表你是分裂的，你要愛哪一個自己呢？是那個乖乖聽話的自己，還是叛逆的自己？是那個走錯路的自己，還是從來不為自己出征的自己？

曾經，我因為沒能在母親過世前一直待在台灣而有深深的罪惡感。尤其是當我因為想要救她，而在她住院時去上課卻沒有先告知她，回來時看到她已失去說話能力時，我的內疚重到讓我幾乎抬不起頭來。那是一個非常痛苦、如地獄一般的境地，就像自己在內在鞭打自己一樣。

罪惡感深深地席捲了我，讓我在生命中駐足不前。在那幾年裡，我的生活說是渾渾噩噩也不為過。更糟糕的是，罪惡感其實就是自己怪自己，而當你怪自己的時候，你絕對免不了怪罪周遭的人。因此，與身邊的人關係也不會好。

在我自我療癒到一個程度之後，我曾回到醫院去作安寧病房的志工。讓我驚訝的是，原來許多人在面對家人走時，內心都有很深的罪惡感，總是想著自己是不是沒有好好照顧與陪伴對方。似乎如果自己有多一天、多一小時的陪伴，對方就不會走一樣。

現在的我，知道那一切都是小我的幻相。小我認為自己是救世主，認為一切都是因為自己，無論好與壞。所以這樣的罪惡感其實是出於一種自大的幻相。事實上，**罪惡感就是幻相。罪惡感是後天、是外在加諸而來的，不是我們的本性。**要驗證這點，只要看進小嬰兒的眼睛。你在那裡看得到一絲的罪惡感、一絲的自我厭惡、自我排斥嗎？

這就是「天真無邪」的意思。在經過深度療癒的過程後，我認為「天真無邪」不是指沒有邪念，而是指沒有罪惡感！因**為罪惡感就是最大的邪念**，最歪最偏差的念頭！

我不是說在生命中我們不需要檢討反省自己，但是罪惡感幫助不了任何人。它不僅是愛自己道路上的障礙，是靈性成長的障礙，同時也是最具殺傷力的能量。我非常相信許多重大的病症——尤其是癌症——是由於長期的罪惡感與憤恨累積而來的。因此，為了自己，為了家人，請放下你的罪惡感。

罪惡感不僅出現在你與他人的關係中，我們許多人對性——甚至我們自己的身體也有罪惡感。我想到一個我小時候親身的經驗。我那時非常小，頂多上幼稚園小班吧。我記得我在玩，在探索自己的身體，我發現我可以讓外生殖器發出聲音……我叫隔壁房間的爸爸媽媽來看，說我可以讓身體發出聲音！但是當我看到他們的表情時，雖然他們沒有說任何不好的話，我也感受到那個震驚或不接受的能量。而小孩子是完全敞開的，尤其是對他們的父母，所以可想而知那個不接受，不OK的意念馬上進入到我的系統裡。以致於，在我開始靈修沒多久之後，有一次在一個課堂上，我在出神狀態中大叫：「我不能玩得太開心，否則我會被懲罰！」然後大哭。我非常驚訝原來我內在有這樣的信念。它很可能就是為什麼我在第一個親密關係中完全沒有體驗過性高潮的主要原因。因為我的內在深深相信，跟性、跟享受身體有關的事是不好、不被接受的。

有趣的是，「性高潮」的英文是orgasm，它的一個字根來自於梵文的urja，代表生命力與滋養。無法從性生活中得到高潮，代表無法從關係中得到滋養。這可不是一件小事。

因此，在你釋放自己的罪惡感時，請記得有意識地療癒你的性意識或身體意識。許多我們看不到的罪惡感、對自己的不接納和自我矮化會潛藏在那裡。

以下是一段高我針對「罪惡感」所說的話語：

罪惡感是一個讓我們麻痺、無法行動的虛假情緒。它讓你陷入自憐，使你麻木，被囚禁在過去、或在一個不被接受的當下。罪惡感與不夠好感，他們兩位就像是人類意識系統裡的病毒一樣。

什麼是「罪」？就是它的概念第一次進入人的頭腦意識時。除了這個，沒有其他的「罪」。「罪」是一個你們最不需要的概念。「罰」也一樣。真正的「罰」，只是一種必然的因果呈現的方式，也不一定與你想像的相同。

正是因為罪惡感，所以你才會被「情緒勒索」。

而罪惡感呈現的方式、帶來的結果常常就是自我懲罰、自我破壞。

什麼是懲罰？就是刻意使被懲罰者痛苦。

在現代社會的教育裡，你們從小到大被暗示明示，當你做壞事時，當你做錯事時，或是當你失敗時（考試考不好）你應該被懲罰。不僅如此，你們也被教導：不要感覺、不要哭（尤其是男生）、不要悲傷，甚至不要太高與太開心。這讓你們相信感覺、情感是不好的、不被接受的，有太多情感或是公開表達情感是不文明、沒有教養的。然而情感怎麼能被長久否定呢？所以你們很多人，不但會在自己表現不好時懲罰自己，有些人甚至會在平時就自我懲罰來讓自己「有感覺」，例如那些熱中SM的人。畢竟，有感覺總比沒感覺好。

在你們成長的過程中，可能只看過大人因為錯誤而懲罰或被懲罰，卻沒有看過他們寬恕，所以你們長大後也只能copy這樣子的模式。另外，社會文化以及宗教對於受苦受難、犧牲與奮鬥所賦予的價值與認可，也強化了你們對於受苦的認同，甚至產生受苦的需要。基於以上種種，你們發展出一種很奇怪的心理目標，就是愛護他人，卻懲罰自己，還美其名為「寬以待人，嚴以待己」。

然而，當你對自己如何懲罰自己更有覺知時，你可以開始停止這樣的傾向。

以下是幾種常見的懲罰自己的方式：

一、拒絕與否定——拒絕／否定樂趣、拒絕／否定成功，拒絕幫助、拒絕／否定擁有更輕鬆生活的權利，拒絕／否定改變或療癒的可能性⋯⋯

二、排斥自己——那就像是你比別人搶先一步拒絕你自己，所以別人無法再對你做一次、再傷害你一次一樣。

三、疾病或病痛——不斷地有大痛小痛、大病小病⋯⋯或是找一個人來讓你頭痛，例如總是愛上壞男生或壞女生，或是總是吸引到壞朋友、壞老闆、壞小孩等等。

講到病痛，其實癌症所帶來的訊息，在靈魂層面而言，永遠都是「我想要改變。」它是一門靈性的功課。療癒的契機，常常就取決於當事人是否能及時地改變與轉化。

四、拒絕愛自己，拒絕接受愛。

五、醜化、矮化自己，羞辱自己，S&M。

六、拒絕／否定神、靈性、宇宙智慧或是宇宙大愛、更高的力量。

關於這一點，這就是為什麼當你連上高我，連上你的靈性時，它可以幫助你更愛自己，幫助你停止自我懲罰的傾向。當你連上你的靈性，你就是連上你真實的自我，也就是在更寬廣的層面接納了自己。

七、怪罪他人與怪罪自己。

這也是妳親身體驗過的（指筆者），在靈修前，當有不好的事情發生時，妳總是怪罪他人。在靈修後，在妳還沒有真正愛自己前，妳總是怪自己，因為這一句如此知名的教導「你創造你自己的實相」。

然而，無論是怪罪他人或自己都是不健康，也於事無補的。如果別人傷害了你，你第一件要做的事應該是在當下體驗面對你的情緒，在那之後，才是去體會為什麼你會創造出這個情境。這會在之後體驗情緒的章節中再詳細敘述。

否則的話，你會懲罰自己，你會把那個傷害轉向自己。你必須感覺情緒，表達情緒，然後釋放它，藉由向對方說：「你剛剛說的話讓我很難過」，或是寫在日記中，或是打枕頭⋯，在做了這一切之後，你才要來看為什麼會有這件事情發生。常常，在你體驗痛苦情緒的某個當下，你就會得到洞見。

最後，在**你們的文化中有一個常見的傾向，就是把「自我懲罰」與「負責任」劃上等號**。例如，有天災人禍發生，某個政府官員馬上引咎辭職，這在表面上看起來好像是一個負責任的行為，其實它與責任一點關係都沒有。只是因為人們總是要把壞的事情歸咎到一個人身上，總是要有一個怪罪的出口。事實上，**「懲罰」是關於傷害某個人，而真正的「責任」是一種愛的行為，與傷害一點關係都沒有。**

「負責任」是關於真實的回應當下。當你真實的時候，其實就很容易看見解決方案。而真實的回應常常會帶來改變，懲罰卻只會讓你滯怠不前。

所以，如果你發現你有自我懲罰的傾向，你可以這麼作：

一、問自己做事情的動機：我是因為愛自己而作／不作這件事，還是因為想要懲罰自己？

二、問自己，如果我是一個愛自己的人，我會怎麼做這件事？如果我是一個不愛自己、懲罰自己的人，我會怎麼做這件事？

三、當你從自我懲罰走向自愛，你常會發現你身邊的朋友也有自我懲罰的傾向，甚至你的工作本身就是一種自我懲罰。你就需要決定是否要繼續和他們在一起。

最後要叮嚀大家的是，自我懲罰、自我鞭打一點都不高貴。一個有自我懲罰傾向的人，遲早會懲罰他人。而且，自我懲罰不僅讓自己痛苦，更讓那些愛你的人痛苦！所以希望大家重視這一個問題，有意識的朝更加愛自己的方向努力邁進！

不夠好

有一次在合一大學翻譯的時候，我無意中領悟到一個隱藏已久的真相。

那是某一天傍晚，在大家進入靜心準備接受祝福時，我講了一天的嘴、翻譯了一天的腦終於得以休息一下。我到教室後面的地上坐下。此刻，老師放了一首我沒有聽過的梵文版「心經」。沒想到，我在歌還沒放完時，即已開始痛哭流涕，一種比最糟糕的挫敗感還要痛苦千萬倍的感覺。雖然我的哭泣聲被音樂蓋過，但哭的樣子還是被眼尖的老師看到。

結束後，他問我發生什麼事。我不經思索地說出：「我還有好多事沒有作！好多願沒有完成！」但在說出口的當下，我連結到一個更深層更廣大的真相：我之所以覺得必須作這麼多事、幫助這麼多人…其實有一個很潛藏的因素，那就是內在深深地感覺、相信「我不夠」。

我不夠好、不夠有貢獻、不夠有錢、不夠成功、不夠靈性、不夠有影響力……這些原來才是我作很多事情的真正動力！

因為這樣，無論成果如何，內在總是覺得有所欠缺，因為永遠都「不夠」。不管別人對我評價是好是壞，我裏面還是有一個人在搖頭。

在看到這個真相的當下，我同時也悟到，這不是我一個人的內在真相而已。它是現代社會普遍的現象，甚至，是一種現代人身心靈系統中的一種病毒。

以下是高我對於「不夠好」所說的：

今天我們要來談一個比愛滋病更可怕、比癌症更昌厥的現代人共有的一個病症，人類意識中的癌細胞——「不夠好」的感覺與信念。

佛家說，一切都是幻相。而在這幻相之中，最大的幻相，就是你與你的世界中的一切是分離、分開的。因為這個虛假的分離感，你有了自我意識，或「小我」認同，而因為小我認同，你有了分別心、比較心，也就有了好與壞跟所有中間的差異等級（50 shades of good and bad！）。所以，也可以說在你的生活中，最大的幻相就是這個好與不好的價值批判，尤其是針對你自己的。

每一個人都是永恆的生命，在這不斷擴展的宇宙中迴旋著。如果你認為你能夠從心智層面在任何一刻作出關於自己或他人的正確評判，那無疑是一件很可笑的事。而且，每一個在你小宇宙中出現的人事物，其實也代表著你。當你批評他人，其實顯露出更多的是你內在對自己的批判。

不過，再怎麼嚴厲的批判，其殺傷力也沒有你內在對自己「不夠好」的認定。

當你認為自己不夠好——不管是出於與他人比較、與理想比較或與過去的自己比較——它都會使你裹足不前。你可能需要花很大的力氣才能實現你的夢想，因為你的內在認為你不值得。你處在「賺取」、「競爭」的模式中，也就是一直做做做的模式，而不是輕鬆的、順流的、天時地利人和的顯化。

幾乎每一個活在現代工商業社會的人，都深深地受「我不夠好」的信念與感受折磨和驅使。輕度的患者，在達成一些外在目標之後，可以有一陣子不被這種感受干擾。重度的患者，要嘛就是永遠達不到自己的目標，要嘛就是千辛萬苦達到之後，卻覺得空虛，甚至覺得自己不配，覺得自己像是一個冒牌貨，隨時會被人揭發。

當「不夠好」的程式在背景中運作時，你的人生進程會被卡住，你會失去行動力，即使你在很痛苦的環境／關係／工作中，你也不自救。或者，你換了工作，換了伴侶，也得到成功，但是你無法享受它。甚至，你覺得隨時可能失去生活中的一切，因為隨時都可能有人出來檢舉你是冒牌貨，說你不是真的那麼有才華／靈性／能力／慈悲⋯⋯好的時候，你有莫名的壓力；不好的時候，你不知道自己所作的事有何意義，你覺得自己快得憂鬱症，或已經有重度憂鬱症。如果你任其發展下去，你甚至可能開始有瘋狂的行為舉止，下意識地破壞自己的成功。

英文裡有一個詞叫做imposter syndrome（冒充者症候群），這也是因為不夠好的信念引起的，而且這個症狀在高成就女性——也就是你們一般稱為「女強人」的族群中非常普遍。因為女性從小受到的制約，她們常常在追求成功時又感到內疚，所以罪惡感與「不夠好」互相增生，導致自己無法承受自己的成功。這是多麼的可悲與可惜！

在關係中，**「不夠好」會讓你無法真正的付出與接受**，即使你表面上有付出也有接受。當你覺得自己不夠好，**你會下意識地抗拒愛，造成自己與對方的痛苦**。真愛的能量無法流通，也缺乏親密感。

為什麼我們要在這個時候深入談論「不夠好」的信念？這很重要。因為「不夠好」會讓你在這覺醒時代裡繼續沈睡。而且，當你被大環境推動開始對你的靈性覺醒時，它會使你覺醒的每一步都很痛苦。別人進入五次元，是進入鳥語花香的世界；你進入五次元，卻像是進入一場恐怖電影裡面。

因為時序進入二〇一九年，人類意識覺醒的速度越來越快，相對的，潛意識／無意識中的程式顯化的速度也翻倍。然而，當你內在深深地感受自己不夠好時，你的覺醒過程會是痛苦的，因為你不是美夢成真，而是惡夢成真！是的，你也在覺醒，但是是對內在的地獄覺醒。有句話說：「地獄，就是他人。」其實應該是：「地獄，就是自己，當你不接受自己時。」

而難就難在，「不夠好」的感覺是很縹緲的，它比較像是一種心態、一種認定或信念。而且，人們常會想方設法改變自己負面的信念，為自己加入正面的信念，但這個「不夠好」的聲音可能仍然在背景迴盪。罪惡感、羞恥、憂鬱沮喪、缺乏意志力、不值得感與自我破壞都是「不夠好」常穿戴的面具。它是病因，卻無法在化驗室裡被看見。它是癌細胞中的癌細胞。**它不僅造成病症的出現，它還利用病症來強化自己「不夠好」的存在。**

「不夠好」還有一個最可怕的現象，就是它會在你最沒有防備時突然跑出來，也就是有一些人有時候會出現與他個性完全不符的想法或行為，而這些想法或行為通常都是非常具殺傷力與破壞性的。例如突然出現很暴力的想法。

其實，就像前面講的，它現在幾乎已經成為人類集體潛意識的一部分。如果你是一個跟隨集體意識或流行文化的人（例如每天都看電視節目、新聞、雜誌、臉書⋯⋯沒有在過濾信息的來源以及信息的內容），你幾乎不可能不受「不夠好」的信念所影響。

當不夠好的聲音是你生命的基調時，許多時候，你會感到無望。它會讓你對生命怠惰、冷漠。你也許知道你可以做什麼來改變你的情況，可是你就是不做。

而「不夠好」的設定通常是在一個人的嬰幼兒時期產生的，所以不容易找到其根源。常常，小時候大人的一句：「你不應該貪心，你不應該自私，你要知足」否定了你的欲望，你就覺得自己不夠好。或者，當大人把你跟你的手足比較，或是跟他們對你的期望比較，或是跟家中的傳統比較（「我們家都是博士都是醫生」），你也很容易形成不夠好的信念。很多時候，它也會因為前世業力而加重。**無論如何，它的成因總是與愛的議題有關。**

說了這麼多，重要的是當你想要面對、轉化你內在的「不夠好」認定時，你可以靜下心來，找一個不會被打擾的時間，問自己下列幾個問題：

一、我的「不夠好」感最常穿戴的面具是什麼？是憂鬱？內疚／罪惡感？自我破壞？對自己說難聽的話罵自己？不值得感？無意志力？自艾自憐？

二、我為什麼怕愛？

這一題不是要你做表面的回答（怕受傷害等），而是，你個人內心深處的答案，例如：怕別人看到我的真相⋯⋯等。你需要深入你的面具背後去探索——**罪惡感的背後是什麼？自我懲罰的背後是什麼？**也許你會發現背後藏著一個叫「被背叛」的東西，或是「羞辱」，或是「遺棄」、「被控制束縛」⋯⋯這些都是跟愛有關的課題。

如果是這樣，請再問自己這兩個問題（不用多想，用直覺回答）：

一、我責怪誰？（只選一人）

二、我怪他／她什麼？

這個時候，你應該已經進入痛苦的情緒。請完全體驗它，不要逃避（體驗痛苦的方法，請參照下一章）。

如果以上問題你都沒有答案，可能你的「不夠好」已經轉化，或很輕微。如果你不這麼認為（你認為它很嚴重，嚴重到你無法相信自己能夠回答這些問題），那麼請求助於你信任的療癒師，或是自己有經歷過「不夠好」的轉化的療癒師、老師。另外，本書後面靜心的部分，也有跟釋放「不夠好」有關的靜心。

如果以上都不適用，也不用擔心。畢竟，沒有什麼是真愛無法療癒的。這也就是為什麼本書的主題是愛自己。真愛，就是自愛，就是從愛自己、尊重自己出發的愛。

祝福你。

小我與自我

另外一個在深入「愛自己」之前需要談的一個主題，就是ego——小我或我執。

許多人認為提倡愛自己會變成自私自利，事實上那是因為他沒有區分「自己」與「小我」的原因。

我年輕時是一個沒有自己的人。就如許多孩子一般，我小時候是一個依靠在大人身邊的乖寶寶，長大後是依附在男友身旁的乖女孩。我的初戀男友還會管我穿什麼衣服。而乖乖牌如我，自然也就把那當作是他對我的關心。

在國外獨立生活之後，反而我的「自己」才慢慢地長大。回台灣後，生病的母親因為有我的支持，也更顯露出她內在的依賴。加上我的感官突然被打開後似乎有些靈通力，造成我的「小我」也一下子壯大了起來。我後來發現，**其實不知道自己是誰的人，小我才有可能一下子膨脹起來。**

後來，被生命洪流沖擊席捲的我，終於看到一切都不是我能掌控的。無論我有多麼聰明、美麗、努力工作努力修鍊、有才華或悟性，仍然有許多事是我無法改變的。小我的幻相瞬間被打破，我不得不臣服，不得不把這個好不容易才重組回來的自己交托出去。

後來我發現，這對我的靈性成長而言是一個祝福。因為我看到許多在宗教裡的人，他們因為宗教的教導說要放下自我，所以在自我還沒有成熟、還沒有壯大之前就放下它。尤其是因為在亞洲的文化裡，我們總是強調家庭與團體的重要性，所以一般人的自我要比較晚才長出來，跟在西方國家不一樣。但是，根據我的觀察，**過早的放下自我是軟趴趴沒有力量的。這只是一種行屍走肉式的臣服，在那裡面並沒有生命力**。常常，隨著自我一同被放下的，是對生命的熱情。

於是，我們看到許多的人，嘴邊常常掛著：「感恩哦」、「要惜福」、「隨緣」、「要放下」……靈性的教導變成一種口號，甚至變成一種他們評判別人的標準。他們像是某種重複教導的機器人，但是並不會有人想要與他們學習，因為他們沒有感染力。

他們沒有感染力，因為他們不愛自己。因為愛自己的前提是要先有自己！有自己的人是活生生的人，絕對不是死氣沉沉的乖寶寶或機器人。

還有一些人，他們放下世俗的追求，但是他們有許多靈性的追求，或是知道一些靈性教導之後認為自己高人一等，那也是一種「靈性小我」。只要有小我，就會有貪念，而靈性的貪念——不管是求功德，求消業，求覺醒開悟，還是一種貪念。

所以，我很感恩我有在西方國家受教育的這個歷程，讓我的自我感慢慢地重建，以致於當我真的臣服、交托自己時，那是一個有力量有重量的動作。**因為當你擁有自己時你才可能給出自己，**正如當你口袋中擁有越多的財富，你也才能奉獻出越多的財富。

根據奧修大師的說法，只有當一個東西變得令你非常痛苦時，你才可能把它丟掉。所以，小我必須自己因為痛苦被放棄，而不是你去放下它。他是這麼說的：

「沒有一個還不成熟的東西會自己掉落。不成熟的水果會扒在樹上。如果你硬把它摘下來，它會留下一個疤痕。而你會一直都覺得內在有一個傷口。」

小我是一種生存機制，是大自然賜給我們的，並不是敵人。而它要死亡時，就會死亡，就像成熟的橘子從樹上掉下一樣，就算你想要把它黏回去也不可能了。

對自己真實

愛自己的前提是要先擁有自己、認識自己。這也是愛自己當中最困難的一部分。畢竟，從小我們大部份人所接受的教育都不是朝鼓勵我們去發現、探索自己是誰的方向發展的。太多的標準答案、太多的扼殺創造力的問題讓我們的頭腦僵化，甚至失去了作夢的能力。我個人認為這也是為什麼之前台灣工業總被批評缺乏創造力的原因。

記得我剛去美國上大學的時候，常在課堂上感到不自在，因為美國的上課方式有許多問答與小組討論。考試的時候也是申論題居多，你必須要可以完整的表達你的想法：也就是說你需要有你自己的想法！這對於受傳統填鴨式教育，什麼問題都有標準答案的我而言是很不習慣的。但是，過了最初的適應期之後，我便開始享受這個鼓勵我思考、督促我有自己聲音的教學方式。

我認為這樣的態度，甚至也影響了我身為求道者時的態度。記得在進入第一個法門沒多久之後，我的妹妹也受傳（接受點化）成為同修。有一天，她告訴我她受傳之後做了一個夢，夢到她得到一件白色的衣服，但是衣服上有鬼。

這讓我想起，我自己受傳時也做了一個怪夢。加上那個時候我靈性感官突然被打開，經歷了一些奇怪的現象，我毅然決然決定，在我無法搞清楚我被受傳的東西是什麼之前，暫停每日的修煉。

我記得很清楚，那時暫停之後，本來每天修煉的我可以感覺到身體的能量在下降，而且那時有流行性感冒，我知道如果我再開始修煉，裡面的病氣馬上可以去除，但是我沒有。我就這麼看著自己的身體能量越來越往下降。

直到約一兩週之後，我的腦海中一直出現「Conversations with God」（與神對話）這幾個字。那是我不知道在哪裡聽到的一本書名，於是我找這本書來看。沒想到，這本書解答了我腦海中許多對能量與靈修的疑惑，於是兩個禮拜之後我又回到修煉的崗位上。

回想起來，這個過程雖然短暫，卻是我靈修中很重要的一個過程。因為我允許自己去懷疑，允許自己去發現自己的真相，所以當我再回到修煉隊伍中時，我的投入程度與以前是不一樣的。

所以，愛自己的前提是要認識自己，**而認識自己的前提是對自己真實。**

對自己真實，代表對自己的想法、感覺與情緒真實。不管外在環境是否讓你覺得你不應該有這樣的情緒或感覺，但是如果你有，你就必須對自己承認這是你真實的感覺。

回到陳美的例子，我相信陳美的生活中也會有許多人認為她不應該對母親有所埋怨，或是不應該在她35歲時去追尋她作滑雪選手的夢；認為她應該滿足於她這輩子在音樂上的成就。但是，她還是選擇了去傾聽內心的聲音。

對自己真實，不代表你必須一直去向他人訴說你的感覺或情緒，也不代表你必須去說服他人，說你的想法或是感覺才是對的。每一個人都有權利有他自己的想法與感覺。畢竟，那也是從每個人的制約與信念而來。你只需要對自己承認你有這樣的想法或感覺。否則的話，你的內在會是分裂的。內在是分裂的人，會在外在遇到許多的困難，靜心時也很難碰觸到真正的自己──因為不知道到底哪一個才是真正的自己？

對自己真實，也包括對自己的慾望真實。例如你還渴望性，你還渴望愛情、親密關係，那麼就對自己坦誠。而不是對自己說：「我已經靈修這麼多年了，我不應該再渴望愛情，我應該渴望覺醒開悟。對，我想要的是覺醒。我要為覺醒祈禱。」然後你發現，你遲遲無法覺醒，因為那根本不是你內心想要的。你還不如把那個能量拿去追求你真正想要的事物，你早就會得到它了。

我曾經翻譯過一個關於祈禱的真實性的故事。有一位知名的外科醫生，他動手術從來沒有失敗過，而他與神的關係也非常好。他的祈禱總是被回應。有一天，他為一位年輕人動手術，但手術當中病人的心跳突然急速下降，眼看他就要失去這位病人了。

他很著急，他做了所有急救措施之後，向他的神祈求：「神哪，他這麼年輕，他的小孩還需要他們的父親！請你一定要救救他！」但是，他的病人仍然奄奄一息。

他很不解，他再次祈求：「神啊，他是一位這麼好，這麼優秀善良的年輕人！請你一定要救他！」仍然沒有起色。

最後，他的內心終於做出這樣的祈求：「神啊，我從來沒有手術失敗的紀錄，我也不想要有這樣的紀錄！請你讓這個病人一定要活過來！」這一次，神回應了他的祈求。

這個故事要說的是，你在祈禱的時候要真實，因為神本來就知道你內心的真相。而且，真的東西，才有力量。

在透過對自己真實來認識自己之後，**你第二步要作的，就是接納自己。**

接納自己，可以先從不批判自己開始做起。

在第一步裡，你可能會發現原來自己心裡有那麼多的黑暗面。在對自己真實之際，你可能發現自己裡面有很多的負面感覺，例如嫉妒、憤憤不平、小心眼、愛比較等等。

此時，一般人的本能反應會是想要將這些負面感覺轉為正面的。但是，嫉妒就是嫉妒，你如何能將它轉變為愛？即使它轉變為愛，也不會是透過你的作為。

我想說的是，你必須能夠接受你自己的每一個面向，不管是正面或負面的。其實，正面或負面，也是你自己說了算。

一個無法接受他自己本來面目的人，也無法真正的愛自己。因為愛就是接納，無條件的接納。

接納自己負面的面向，並不代表這些負面特質會變本加厲的出來咆哮。反之，當你接納它時，它的破壞性才會減弱，因為在接納中有看見與理解。只有當那些負面的面向被壓抑時，它才會時不時出來搗亂。

梵文的「健康」這個字很有意思，它叫swasthya，也代表「成為自己」。同樣的，英文的健康health的字根「Hal」也是神聖的（holy）和完整的（whole）這兩個字的字根。所以，**當你是完整的自己，你也就是健康與神聖的。**

這也就是為什麼深度靜心是如此重要的原因。通常我們對自己都有一個自我認知，認為我是一個這樣或那樣的人，但是有許多潛藏的東西是在我們的無意識與潛意識裡，尤其是那些從小到大習慣壓抑自己真實感覺的人，有時只有透過深度的閉關靜心，這些隱藏的面向才會出來向你打招呼。

另外一個比較明顯看到自己隱藏的面向的方法，就是看你關係中出現的問題。你的每一個關係都反映出你的一個面向，尤其是你的親密關係，更是你可以好好利用的一面鏡子。觀照親密關係中常出現的負面感覺和情緒，你就知道你裡面有什麼地方還沒有被療癒與接納。

接納自己，也可以從很多方面來探討，包括接納自己的身體和長相、接納自己的過去、接納自己的能力、接納自己的個性、接納自己的社會地位、財務狀況、接納自己的原生家庭、接納自己的思想、接納自己的情緒……甚至包括接納自己的國家文化、接納自己身為人類的一員……接納自己是無止境的，尤其是當你因為成長而對「自己」的概念越來越擴展時。

很重要的是，接納自己也包括接納自己的慾望與願望！這也是為什麼療癒性意識是非常重要的。對我個人而言，它實證了療癒心靈能療癒身體病症的說法——在我的性意識（對性的信念與觀感）沒有療癒之前，我曾經罹患一種皮膚病，那是一個因潛意識相信性是不好的、罪惡的而引發的病症，而在峇里島得到療癒之後，這個所謂無法根治的病症就消失了。

因為這個過程，我的能量也更「落地」，不再是別人眼中不食人間煙火的仙女，畢竟身體的愛也是愛的一種表達方式，而且在三次元世界裡是很重要的一種方式，為許多人帶來放鬆療癒的效果。再者，我們對於自己的許多被扭曲的想法，也挾帶包藏在我們被扭曲的性意識之中。所以，去探討自己對於性的看法與信念，對於認識自己、療癒自己絕對有幫助。

以下是高我關於「接納自己」的一段話：

是的，接納自己，是靈性成長上的一個非常重要的里程碑。

你本是以神之形象所造，你本是神。你一直不接納自己，就等於你不接納神，也就是不接納自己的靈性。正如妳（指筆者）已經發現的，當妳真正的接納自己之後，妳在靈性成長上的速度變得更快。

你知道嗎？**有時候當你感到受阻，當你感覺到在一個計劃上想要暫停，不知道該怎麼做時，常常是因為，你的高我要你增長對自己的愛。**

愛，本來就是你的本質。但是光有愛還不夠——除非你的愛是與自我尊重、與自我接納同在。

自我接納，不是一直給自己找藉口。而是如實地看到自己的本來面目，看到自己已經盡力，看到自己的無限與限制，看到身為人的普世處境……願意給自己一個擁抱，願意拍拍自己的肩膀，無論別人是否這麼作。

接納自己的不好與不足，你就不再不好與不足。任何的黑暗面之所以有力量，是因為你一直在壓抑它、不願意去看它；當你真正接納它時，它就失去了力量。**這就是轉化的心法。**

許多人說他想要療癒自己，治療自己；但是他的動力是出於愛，還是出於恐懼？許多人說：我要轉化我的某某負面信念，我的某某負面模式。但是在那轉化的慾望背後卻是一種殺念，要把那個黑暗面或是負面信念給殺掉。真正的療癒和轉化不是這樣的。

你的黑暗面，就像是你長得比較不體面的小孩一樣；他一直想要吸引你的注意力，他一直想要得到你的認同與愛。如果你一直把他推開，他只會越來越惱怒，變得越來越醜，叫得越來越大聲。當你不再推開他，當你愛他、擁抱他時，他自然就會破涕為笑，變得可親可愛。

真正的接納，是非常有力量的。它不是一個軟弱或是懶洋洋的狀態。它是一種真正的美德。自我接納與自愛永遠都是賦予你力量的。當你真的接納自己、愛自己時，你成為自己的父母，而「為母則強」，不是嗎？

而當你因為自愛與自我接納生出力量時，你才有可能去過你想要過的自由生活。你才有可能去選擇不一樣的路，你才有可能容許自己去探索，

去犯錯。

愛自己和接納自己，是最終極的方法。如果你真的完全的愛你自己，你不需要再學習任何靈性成長的方法。而且當你越來越愛自己時，你會發現你所有學過的成長法都更管用。另外，愛自己也是負面小我的唯一解藥。因為當你愛與接納自己的時候，你也是在愛與接納他人，你不可能會騎在他人頭上去達到你的目的。你知道所有人——無論他現階段的成就為何——都是整個大拼圖的一小塊，也許你就剛好需要他這塊拼圖就位，你才能夠完整你的拼圖、你的願景。

每一個生而為人的你，其實內在都有一個天生的慾望，想要認識你內在的神性。**對自己的愛與接納，是唯一那個可以讓你與內在神性連結的管線**。而當你繼續在揚升的道路上行走，當你的意識越來越提升時，你會發現，在更高狀態裡，許多三次元的實相（例如時間）都會消失，只有愛會留下。

對自己的愛，讓你變得成熟，讓你真正的成長，讓你認識內在神性，又能抑制你的負面小我。有這麼多的好處，你怎麼可能不走上愛自己的神聖道路呢？

然而，說了這麼多，有些人可能還是會問：「那到底要如何做才叫愛自己呢？就是每天對著鏡子說我愛我自己嗎？」

在這裡提供幾個方向：

一、我們可以簡單地說，在這個物質世界中，愛有七個面向：安全感、愉悅感、誠實真實和脆弱、信任、親密感和關懷、減少恐懼或失落、了解和明瞭的狀態。因此，任何時候當你做一些事或說一些話，促使你體驗以上這七種面向中的一種，你可以說你就是在愛自己。

二、愛也是一種 responsibility。respond-ability，代表擁有對當下回應的能力。它是關於能夠用不被沾染的眼睛，客觀地看待每一刻。它是關於沒有濾鏡，不是因為過去是怎麼樣，就斷定當下是怎麼樣。它也是關於不因為自己曾經學過什麼理論、經驗過什麼事，就斷定當下是什麼樣的情況。它是關於謙卑的看到每個人、每件事本來的樣子。

當你擁有這個能力時，那代表你真正處在當下，而不是活在過去與未來。**而當下就是愛。**

但什麼樣的人能夠真的活在當下？當然就是覺醒的人、活在心而不是活在頭腦裡的人。好消息是，現在整個地球都在進入這樣子的黃金年代的過程中。就第一項的內容而言的話，你也可以說，**任何時候當你讓自己離覺醒更近、離心更近，你就是在愛自己。**

愛，其實不是關於做什麼。有時候，單單是陪著自己，和自己在一起，就是最強而有力的愛自己的方法。

三、如果你還是不知道怎麼樣才是愛自己，那麼這裡還有一個最簡單最簡單的方法。

任何時候，無論面對的是大事還是小事，公事還是私事（其實兩者也並無分別），當你不知道該怎麼做的時候，問問自己：

「一個愛自己的人會怎麼做？」

這可以在任何事上被運用。無論是當你需要做出重大決定，例如選擇工作，還是小至選擇什麼牌子的牙膏時，你都可以問自己這個問題。而你得到的回答常常不是你意料中的回答。

例如，筆者曾經在選擇便當時問自己這個問題。當時的選擇有葷食與素食。她以為答案會是素食，但是出乎意料之外，她得到的答案卻是葷食。當然這並不代表以後的答案都是葷食。但是當下你得到的答案是什麼，你就去信任它。

祝福你。

總之，愛自己是一件積極正面、需要付出能量與行動的事，而不是一種「好吧，我找不到別人來愛我，所以我只好愛我自己」的消極態度。愛自己是一種美德與貢獻；不是與自私畫上等號。事實上，真正愛自己的人從來不是自私的。**真正愛自己，是從愛出發，自私的行為，是從恐懼與匱乏出發。**

真正愛自己的人，是有自信與安全感的，因為自愛會增長一個人的喜悅、信任、真實度、親密感、力量、自由、慈悲與感激。這樣的人不會無謂的防範別人，他不會無謂的抗爭，她是對生命敞開的。如此的人，怎麼會是自私的人呢？

有一句很有智慧的話是這麼說的：「人生為己，天經地義，人不為己，天誅地滅。」。雖然有一些宗教老師對它有不同的詮釋，認為「為己」的意思是遵守戒律與道德，我卻認為，「為」一字若能改成「愛」，則怎麼解釋都通了。

如果不愛自己，那麼每個人都是孤兒。現在有一個流行的名詞叫「成人孤兒」，我也曾經認為我是一位成人孤兒。現在，我知道我有能力當自己內在小孩的父母，我有能力給內在小孩她一直想要得到的東西，不需要依附外在的人事物。而當我願意給她她一直想要的，外在世界也呈現出更多的慷慨與奇蹟。

愛自己，是第一步，也是最後一步。是方法，是途徑，也是目的地。

4

如何接待負面情緒

往上提升之前，請先往下沉淪

這一章節，對於許多人而言，可能是本書中最重要的章節之一。因為大部分的人在面臨痛苦情緒時，當下的本能反應就是逃避，無論他有沒有覺知到。不僅一般人是如此，許多修行多年的人也是如此。

我們從小被教育要逃避痛苦，追求快樂。我們做的所有事情幾乎都是出於這個驅動力。從小時候跌倒馬上被大人扶起來然後試著轉移我們的注意力開始，我們就一直被教導不要去感覺痛，不要去感覺苦……不要去感覺任何「不好」的感覺。男生的制約可能比女生更為強烈，因為「男兒有淚不輕彈」。久而久之，這讓我們失去了感受的能力，因為心無法只對痛苦的感覺關閉，它也會對於快樂的感覺關閉。心就是這麼的不分別，是頭腦小我才會貼標籤。

一直讓自己不去感受痛苦，導致我們生活在生命的表層，就像在岸邊浮潛一樣，看到的景色非常熟悉有限。如果你覺得這樣很好，我絕對不會反對，但是我想既然你會拿起這本書，你一定是在心中對於成長、轉化有某種的渴望。

而如果你已經接觸新時代的教導有一段時間，想必你也聽過「揚升」這個詞。揚升（Ascension）其實就是道家與基督教講的「升天」。根據許多靈性老師的說法，在黃金時代，也就是人類現在進入的這個階段，每個人都有升天的可能。但是，當你還沒有接納整合你自己的黑暗面時，升天是不可能的，因為不可能只有正面的那部分的你升天吧！

好消息是，其實整合黑暗面一點都不難。問題在於，我們一直在逃避體驗我們的情緒。

在談情緒之前，也許我們應該先來區分一下情緒與感覺的不同。因為在稍後會講到的體驗痛苦情緒的過程裡，我們需要一直把焦點放在身體的感覺上。

感覺來自於我們五個感官的輸入：視覺、聽覺、觸覺、嗅覺、味覺。但是它並不只限於身體，另外還有對身體內部的知覺，例如感覺體溫上升，感覺到發冷發熱、胸悶等等。感覺是一種覺知到感官的狀態。這就是為什麼我們在靈魂出體的時候仍然有感覺。

情緒不一樣。**情緒通常是思想的副產品**，也可以說是身體感官對於思想的詮釋。它如實地告訴你你現在有什麼樣的想法。所以，正如思想來來去去一般，情緒也是暫時的。

例如：一個陌生人來到你面前，說你今天穿的裙子好醜。你想：「這個人竟然說我沒品味！」你感覺到憤怒。但是當你低頭一看，你今天穿的是褲子而不是裙子時，你馬上改變想法：「他應該是精神不正常或智障吧？」你的憤怒馬上消失了。

所以，情緒是你思想的一面鏡子。透過觀察自己的情緒，你可以知道自己心裡面真正在想什麼。

然而，每當痛苦情緒來臨，每當有人「傷害我們」，我們多數人第一個反應就是逃避。不管是在身體上逃避，或是在心理上逃避。

身體上逃避時，我們會躲起來、離開現場、出去喝酒、購物、找朋友、投入工作、看電視、找一夜情…做一切的事情來讓自己不感受這個痛苦。在心理上逃避時，我們會進入各式各樣的心理活動，例如責怪對方、責怪自己、追根究底、甚至用一些靈性教導來麻痺自己（「活著就是苦」、「天將降大任於斯人也，必先苦其心志，勞其筋骨，餓其體膚，空乏其身」、「天下無不散的宴席」）…常常我們兩種一起作，例如打開電視，心裡卻在回想剛才對方所說的話，並對自己說：「我剛才應該這麼回他」、「他憑什麼這樣說我？他自己也沒有比我好到哪裡去」、「他講話這麼難聽都是被他媽媽影響的」、「我早就應該和他分手了，都怪我自己」……

多數人也有一個迷思，認為我們需要去改變自己的負面情緒或感覺。其實，當我們如實地去體驗負面情緒時，它自動就轉化了，因為覺知就像一道光一樣。

當我們不覺知、逃避壓抑我們的情緒時，就像當小偷進入你黑暗的家裡偷東西一樣。如果你把燈打開，光照在小偷身上，他還能繼續偷東西嗎？也就是說，**當你對你的黑暗面沒有覺知時，你才會被它控制，被它影響。**

我第一次聽到這個體驗痛苦情緒的教導時，是我在合一大學擔任翻譯時。當下我非常的驚訝，因為我從來沒有聽過這個靈性教導，但是當我對照我生命中所發生的情境，尤其是在面對母親辭世的痛苦時，我發現我當時是被生命逼到一個牆角，不得不如實的體驗痛苦，才能夠有後來的療癒與轉化。尤其是在峇里島的那幾天。

我回去峇里島收拾要搬回台灣的東西的契機，反而造成我有一段與自己完全獨處的時間。在那短短的一兩個禮拜裡，我內在的痛苦全部顯化出來在我的面前，最嚴重具體的就是第一章裡寫到的火災。我那時才知道我的內在有多麼的悲痛撕裂，甚至失去活下去的意志⋯⋯但是也因為如此，讓我如實地體驗了內在最痛的痛苦。而在火災事件之後，某個午後在一個發呆亭裡，我竟然也得以進入一個身心靈的閉關狀態。那是內在情緒已經清空的一個結果。

在火災事件之後，有一天我甚至接到了母親捎來的訊息。

那一天我從另外一個城市騎摩托車到烏布，路途頗為遙遠，而在經過一個車水馬龍的主要道路時，我的手機突然響了。我一邊騎車一邊滑開螢幕，看到是一封新簡訊。簡訊上說：「我雖然不能與你一起，但是我的心一直都在你身邊。好好的學舞⋯⋯」

其實，我一打開簡訊時就開始淚如雨下，以致於趕忙把機車停在路旁。我在還沒有讀完整個簡訊時就感覺到這是媽媽在對我說話。到今日，頭腦都不知道簡訊是誰傳來的。但是，心都知道。

總之，**你無法療癒你沒有去體驗、沒有去感覺的情緒。**而且，無論歷史多麼悠久，那些創傷的情緒都還在你的意識裡，你的能場裡，你的身體、臟器裡。

然而，不用擔心，雖然我們每個人都有許多的創傷，但是現在也有越來越多的工具來幫助我們釋放這些傷痛，以下就要說一個非常有效的體驗痛苦的方法。

面對與體驗心理痛苦

所有的挑戰與痛苦，其實都是生命中的養分，就看你能不能視它為墊腳石，利用它來讓自己成長。所以在構思時，本書的另外一個書名叫做「鳳凰之道：從痛苦中重生的藝術」。

在這個新時代裡，每個人都要做自己的老師，做自己的療癒師。每個人都要做浴火重生的鳳凰。

而第一步就是：不再逃避痛苦。

逃避痛苦的方式有很多種。最常見的就是身體上的逃避：例如親人和你吵架，或是有不愉快的事情發生，你便離開那個場景那個人；也許你出去看電影或與朋友去聊天訴苦、喝酒狂歡。甚至，你離婚或離開家裡，離開那個關係；最終極地，離開這個世界。

其次，便是心理上的逃避。心理上的逃避其實很常見，尤其是在我們沒有辦法逃離那個場景或關係時。**它以將痛苦合理化的方式呈現**，例如對自己說：「父親從小沒有得到愛，所以他也只能以這種方式對待我。」或是用一些宗教觀念來合理化，例如說：「人生在世就是苦。這是我的業力。我是來還債的。」或是打腫臉充胖子，例如被罵愚蠢時，對自己或他人說：「我本來就知道我不聰明」來隱藏痛苦。或是以自命清高來偽裝，例如被排擠時，對自己或他人說：「我本來就不屑與你們為伍。」最直接的心理逃避，就是否認有痛苦，對自己或他人說一切都很好（因為社會對男性的期望，男性似乎比女性較容易否認痛苦）。

當頭腦有這樣的動作時，都代表我們在內在逃避了痛苦，沒有真的體驗它。**心理上的逃避到一個階段之後，我們便在關係中封閉自己**，不再傾聽對方所說的話，即使對方已經改變。

因此，習慣性的逃避痛苦造成我們心的封閉，而身心是一體的，由此身體可能產生各種病症。

那麼，當痛苦來臨時，我們該如何面對它、體驗它呢？

當我回想起生命中最痛苦的幾個時刻，我總是會想到「預知」母親要走的時候。那時母親仍住在醫院裡，某個晚上，我去參加靈修團體的團煉。煉到一半，我整個身體忽然無力、跌倒在地上。因為它在修煉時發生，這個痛苦在當時完全的被「體驗」，也就是說，體驗痛苦時，你的身體上是有感覺的，例如胸悶、感覺喘不過氣來、腹痛、感到天旋地轉等等。在當下，我先是大哭出來，然後不支倒地。聽起來的確像八點檔連續劇一般，但是失去親人在身體上的衝擊就是如此真實。

而在更早之前的分手事件中，我因為那時還沒有接觸靈修，不知道如何排解負面情緒，所以感冒一個月都沒有好。當然如果沒有這件事，可能也不會有之後的被作大愛手的契機。而當我姑姑幫我做大愛手時，我累積一個多月的負面情緒才得以釋放。所以接受靈性療法也是體驗痛苦的一種方法，有時它甚至可以讓你體驗到童年時期甚至前世的痛苦，讓累積的能量得以釋放，進而轉化生命模式。當然，現在世面上靈性療法種類非常多，所以要自己斟酌辨別，選擇自己最契合的。

但是你不太可能在每次痛苦來時都去求助靈性工作者。最好的方法，是學習如何自己體驗與釋放痛苦。既使你在當下無法進入那痛苦的情緒（例如工作時），你可以在之後去洗手間時，或是回到家時體驗那個情緒。只要時間不是隔的很久，通常只要回想那個事件，你就會回到那個情緒之中。

實例：

你在公司被老闆罵了一頓。你感到既委屈又憤怒，但是你又無法對他大小聲。

作法：

你去到洗手間，把門關上，坐在馬桶上，在心中祈請你的神佛菩薩或高我，或任何你相信的靈性力量，來幫助你體驗這個痛苦。

你開始回想剛才發生的事。你感到胸口開始緊繃，你感到體溫開始上升，這時就把注意力放在你身體上的感覺。

繼續的感覺身體…也許你的頭腦會突然插進來說：「他就是因為偏心某某某所以才對我這麼兇！他就像我爸爸偏心姐姐一樣！我這輩子就這麼衰，永遠無法獲得賞識！」或是：「他今天一定是跟老婆吵架了才會脾氣這麼壞」、「他這麼作一定是想要逼我辭職，我才不辭！我跟他拼了！」你這時要趕快把注意力拉回到自己身體上的感覺，覺知到自己在逃避。

當你繼續的感覺你的身體，也許你會開始哭泣，從比較表面的憤怒情緒進入到更深層的情緒。本來握緊的拳頭開始放鬆，而眼淚開始留下，覺得心很痛…此時頭腦可能又會說話：「我這輩子就是這麼歹命，老是遇人不淑…」、「我好可憐」、「這都是我的業力…」、「我乾脆死一死算了…」你甚至可能會有一個衝動真的要從樓上跳下去。請務必覺知到，這時你又在身體層面逃避痛苦了！你要繼續的守住自己的痛苦，守住你自己身體上的感覺。

你坐在馬桶上，也許你放聲大哭，或是啜泣，你的肩膀聳動，也許你把手放在心上…繼續的跟自己待在一起，不要離棄這個悲痛的自己。

哭了一陣子以後，也許你會平靜下來。而在哭泣或在平靜的時候的某一刻，也許你得到一個洞見。它也許與你老闆為什麼會罵你有關，或是與你跟父親母親的關係有關，或是與你小時候發生的一個創傷有關，或是與你內在真正的聲音有關。甚至，你終於發現你老是與權威人士有衝突的根本原因。

或者，你沒有得到任何的洞見，但是你成功地釋放了這個痛苦。你覺得很平靜，甚至如果走出洗手間就看到你的老闆，你還能對他微笑。

而如果你在洗手間內無法盡情地哭泣，因為怕被別人聽到，你仍然可以在中斷之前向神佛高我祈求，在你回家之後幫助你繼續這個體驗痛苦的過程。回家後，同樣的找一個不會被打擾的空間，在祈禱之後回想今天這個令你痛苦的事件，然後以同樣的方法來體驗。

在家裡體驗痛苦的好處是，如果你很憤怒，你可以打枕頭，你可以罵三字經……這樣子是可以接受的，因為它是一種不會傷害到他人的表達方式。情緒就是能量，它不是往外表達、往外釋放、就是往內壓抑。而且，不是每一種憤怒都會進入悲傷或哭泣，有一些憤怒，它是純然的憤怒，尤其是針對與你本身無關的不公義的事件。

但是如果你和家人同住而沒有自己隱蔽空間的話，你可能需要去到附近的公園或是屋頂……請發揮你的創意與想像力來找到可以獨處的空間。但是請記得，即使跳樓也是在逃避痛苦！因為你的痛苦並不會被解決，而且前文說過，靈魂出竅還是有感覺，所以你的靈魂還是會帶著那份痛苦！

簡單地總結一下體驗痛苦的程序：

一、覺知有痛苦情緒產生，當下告訴自己要體驗痛苦，不逃避它。

二、不再與對方情緒互動。如果與對方很熟很親密，直接告訴對方你要體驗你的痛苦，請他／她給你空間。在當下馬上祈請神佛高我，幫助你體驗這個痛苦。

三、如果不適當（例如是在工作場合或在外面），記得這個感覺，並且在回家之後從祈禱開始作。

四、開始體驗痛苦之後，持續的把注意力放在身體上。偶爾頭腦也許會說東說西、找理由編故事，只要聽聽並覺知頭腦試著把你拉走就好。

例如，當你感覺到憤怒時，你的內在說這是不好的，我不應該對爸爸／媽媽／另一半感到憤怒，他們為了我付出這麼多……那就是頭腦在說話，在試著把你引開，你只要覺知就好，不需要與頭腦對抗。你甚至不需要說：「我有憤怒。」因為當你用憤怒這兩個字的時候，你通常就已經在譴責了，畢竟多年來的制約告訴我們憤怒是負面的、要被隱藏的。取而代之的是你可以單純的觀察身體上的感覺：「我胸悶」，「我覺得很熱」，

「我覺得有能量從我的腹部上來。」那裡面沒有譴責，只是單純的敘述與觀察。

五、繼續地體驗痛苦，並且讓任何浮現的情緒自然流動。想哭就哭，想叫就叫，想打枕頭就打枕頭，只要不要傷害自己或他人。

六、體驗一段時間之後，你應該會感到逐漸的平靜。或是，在體驗的過程中，你得到關於這個事件的更高真相，你了悟這個痛苦產生的根本原因為何，而這讓你的痛苦消失。

如果體驗痛苦很久之後，痛苦還是沒有減少或消失，就代表這個痛苦事件只是冰山的一角，裡面牽連的創傷是很巨大的，或是已經被壓抑、否認很久的。這時如果沒有辦法繼續體驗，就同樣以祈禱結束，請神佛高我讓你明天或有時間的時候能夠繼續的從這個階段體驗這個痛苦。

四個小叮嚀：

一、請記得，在體驗痛苦情緒時，你就是一個小孩。你看過小孩子因為跌倒而哭泣嗎？他不會去合理化，也不會去怪罪、怨天尤人，更不會說「哭泣很丟臉」。他就是純粹地表達他的痛！那就是生命力的流動。它其實是很美的一件事。

請務必對自己有耐心。面對、體驗情緒本是身為人應該知道的技能，但是我們從來沒有被教導過。從小到大，我們所看到的範例大都是逃避情緒、壓抑情緒的範例，所以當我們要開始體驗情緒時，我們的第一個傾向就是逃避。更何況，我們活在二十一世紀，生活中實在有太多的東西可以讓我們轉移注意力了！你可能要操練好幾次之後才會開始嚐到真正體驗痛苦的滋味。但是不要氣餒，而且，你越操練這個體驗痛苦的方法，你會越發現，你的覺知力提高了，你也越來越能控制自己的情緒反應。這真的是很棒的一個bonus。

二、**體驗痛苦的過程裡請持續的呼吸。**你也許會覺得這麼說很奇怪，但是我們其實常常會忘記呼吸，尤其是當我們被頭腦佔據，沒有處在當下、活在身體裡的時候。你不需要閉氣，或是故意的深呼吸。持續的呼吸即可。

三、我想要對男性讀者特別叮嚀：許多男性被「男兒有淚不輕彈」這句話制約，還有因為社會對男性所賦予的角色與責任，導致現今有許多成年男性已經與他們的內在感覺脫離。這會造成各種的人際關係疏離感，以及各種生理上的現象，包括失眠、陽痿等等。一般人也許會說這是壓力造成，但是我們常常忽略的一點是，如果我們的親密關係是健康健全的，我們的壓力感也會減輕許多。

所以，男性讀者們如果有這樣的現象，其實可以定期的讓自己體驗痛苦，甚至可以放一些比較悲傷感人的電影與音樂來觀看和欣賞。一言以蔽之，就是讓自己有哭泣的時間與空間，**讓眼淚把自己的心再度打開。**

總之，一切都是互相關聯的。我們不可能只與痛苦的感覺分手，而繼續與快樂、開心、喜悅的感覺交往。我並不是說正面思考沒有用，也不是否定它的價值。就像前幾年流行的吸引力法則，它的確是宇宙的一個定律，但是許多人在使用吸引力法則顯化想要的東西時感到挫敗。我的經驗是，**如果生命中的主要關係如果沒有先被療癒，你很難成為生命的主人，很難顯化出你想要的東西。**而這個療癒就在於如實的面對、體驗你生活中的傷痛，因為如果主要關係中仍有傷痛，它一定會在你的生活中呈現出來。

而且，當我們內在有許多未承認、未體驗的負面情緒時，它遲早會在身體上顯現。而當它在身體上呈現為病症時，你要對付的就不僅僅是過去的傷痛，還加上當下疾病所引發的恐懼。

所以，最好的方法就是在痛苦來臨時如實的體驗它。當你體驗它，它就能被釋放。當它被釋放時，你也自由了。

四、如果你對於某個人或某件事一直放不下，一直怪罪他／她，一直無法釋懷，那麼代表你對於這件事的痛苦情緒還沒有完全的體驗。這個時候，你需要找一個可以安靜獨處的一兩天，也許是一個週末，好好的體驗跟這件事有關的痛苦。你可以請你的高我或是神佛幫助你。

我曾經在課程中體驗我第二段戀情結束時的痛苦，也就是促使我走上靈性道路的那段戀情，雖然當時我對對方已經因為認知他是我生命中的貴人而沒有任何負面感覺。我很驚訝的發現，我在過程中竟然體驗到對方當時與我分手的痛苦！我體驗到他內在的悲傷，失望…我體驗到他的情感與理智在交戰，而理智告訴他和我分手比較好，即使在情感上他仍然非常關心我。

在體驗到當時他內在多麼痛苦之後，「寬恕」這兩個字對我的意義完全不同了。其實根本沒有什麼好寬恕的。需要寬恕，代表有錯誤，代表有人蓄意傷害，但是在我們的生命裡，被人蓄意傷害的例子非常少見。每個人都是以他／她當時的能力、瞭解與成熟度來做他／她認為是最好的決定。所以，又何來寬恕的需要呢？你也可以說，**寬恕是在你體驗痛苦後自動發生的一件事，不是你的頭腦去讓它發生的。而這樣的寬恕才是放下，也才有力量。**

總之，在開始接能量療法個案之後，我看到**許多的人的問題，其實在於他沒有讓自己痛到底。**他體驗痛苦一下下之後就覺得夠了，他體驗痛苦是為了要改變那個情緒。他沒有讓自己痛到底，而後果就是，因為沒有到底，所以站不起來。

是的，**底部才是你的施力點！**所以不要害怕跌到谷底，因為「置之死地而後生」。痛苦不是你的敵人，而是你的盟友。所以，當你看到別人在痛苦裡掙扎時，也不要太過雞婆的去拯救他們，更不用去保護他們，讓他們感受不到痛苦。尤其是面對家人時⋯⋯

是的，這絕對是說到比作到容易多的事。但是根據我自己慘痛的經驗，過於保護家人，無論對方是父母或是孩子，只會抑制他們的靈性進化！你只需要捫心自問，你真的有那麼作的權利嗎？

看到這裡，可能有人會說：可是我的父親母親年紀已經很大了，我當然要極力保護他們不受傷害。這點我完全同意，但是我在這裡說的是心理上的痛苦，不要把它混淆為肉體上的傷痛。而且，你父母的確在身體上可能年齡很大，但是他們的心智呢？他們的靈魂呢？你確定他們的高我沒有透過一些看似負面的事件來激發他們的靈魂成長嗎？而當他的高我苦心安排這一些事件之後，你卻擋在他的肉身面前，不讓他體驗，這樣子說的通嗎？

舉個我自己親身的例子來說吧。在母親過世之後，我與父親的相處過程雖然不是沒有摩擦，但是因為母親不在，我常常會覺得我需要更珍惜父親，有時候一些真心話就沒有說出口，或是覺得說出來也沒有用所以沒有表達。但是就在去年四月份父親的一個急診事件中，我不得不在醫院中對他非常直接的表達我的不滿與憤怒。

那對不是頭腦計劃好要做的事情。一切都自動發生，因為我內在實在無法再忍耐壓抑而產生的一個結果。我其實是一邊哭一邊罵，我自己都嚇一跳。我也對父親說我所看見的實相，因為他這次是因為非常輕微的毛病而掛急診，但是醫生卻說他要馬上住院，不讓他回家。而且這一次問題雖小，但是造成的痛苦程度卻是最大的。我當下直覺這是一個與業力有關的問題，因為父親之前已經有過比這次問題嚴重十倍的病症，卻在我們以及許多人的祝福之下得以安全的度過。可是在那之後他並沒有改變。

總之這次因為他的不合理要求，我在他面前終於說出我的不滿與怨懟。那是一次情緒的爆發，我並不覺得驕傲，但是它就這麼發生了。令我驚訝的是，**在那之後，我覺得我與父親關係中的一個結鬆開了。**當然，父親出院後還是保有他的許多習性以及慣性，包括他如同君王般的思維模式，但是我們在某一個能量層面上似乎已達到了共識，而那共識是什麼我也很難用文字形容。如果真的要用文字形容，我想就是一種知道我愛他，即使我和他在觀念上或生活方式上都有很大不同：即使我在行為上不能或不願達到他所期待或要求的那樣。

其實，在頭腦或人格的層面我們之所以去愛，通常是以求被愛。於是我們常常陷在錯誤的義務中，試圖去取悅他人，甚至保護他人：我以前就是一直盡力在保護我的母親而不自知。但是當我們這麼作的時候，我們其實就是背負了一個讓我們越來越疲憊的重擔，而它也會讓我們最親近的人變得軟弱。**他們會開始把他們的幸福寄托在我們身上，而在沒有得到我們的能量時責怪我們。**他們會無法學習觀察自身的心念與情緒，並發掘自身面對挑戰時的內在力量。所以這麼作只是一個lose／lose的情況，對任何人都沒有好處。

而當我們從靈魂層面去愛時，我們的愛不會想要改變他人；我們會去覺察去觀照，卻不會把別人的生命責任攬在肩上，試圖為他們鬆開所有的情緒束縛。而當對方願意面對處理自己的問題時，我們也會帶著我們的靈性覺知與智慧，從旁鼓勵協助他／她。

總之，當痛苦（負面情緒）的能量在覺知之光下燃燒時，當它能自由地流動表達時，基於能量不滅的原理，它一定會還原成正面的能量，也就是生命能量。我相信，這也是為什麼許多朋友都說我看起來比實際年齡小很多的原因。而當我五體裏可使用的能量愈多，我也會越願意去使用這些能量（是的，玩樂也需要能量），形成一個健康的循環。

在經歷這麼多年有意識地體驗痛苦的過程後，我發現，當我們在體驗痛苦或是擁抱我們的黑暗面時，它其實很像小時候玩的123木頭人遊戲。當你一直背對著它、不去看它時，它就在背後偷偷地向你前進⋯⋯當你一轉頭去看它，注視它時，它就無法動彈。

總之，**你就是要讓自己走進痛苦，你才能從另外一端走出來，因為痛苦與快樂是同一個能量的兩個端點。**好消息是，當你讓「體驗痛苦」成為新習慣時，你便不再恐懼痛苦的來臨，甚至你會發現，過去作或不作很多事情的動機都是因為想要逃避痛苦／失敗。你可能發現你嘗試新事物的動力變強了，因為你在生命中有了更多的勇氣（由過去壓抑的能量還原而來）。甚至，你會開始歡喜的迎接痛苦，因為你知道成長、擴展的機會又來了。

好玩的是，到那個階段，痛苦已經不是痛苦了。它只是與你的期待有所差異的經驗而已。

5

靈性時代的五大工具

你真正想要的不是完美，而是完整

當我發現原來在心理學上有一個名詞來解釋過去父母一些令我困惑的行為時，我也發現，心理學並不能提供一個非常有效的與自戀型父母和解與療癒之道。如果你在網上搜尋這方面相關的英文資料，你會發現很多文章或影片都是教導你如何「應付」自戀型人格障礙者，甚至如何「對付」、「操控」他們。

我認為，只有透過靈性成長，進入無條件的愛，你才能真正療癒與自戀型父母的關係，真正在內心有平安。

無條件的愛與你過去予取予求的行為是完全不一樣的品質。在過去，你可能是因為沒有自己，因為依賴，所以他們說什麼你就做什麼。表面上看起來很孝順，但是這個不是無條件的愛。

無條件的愛，是關於從愛自己開始，懂得自己的內在小孩需要什麼，讓內在小孩自然的長大，與高我合一，成為愛的化身。

其實我們每個人都是愛的化身，只是這個愛的化身接受了太多不屬於自己的東西，讓內在最光明透亮的本質沒有辦法彰顯出來。經由愛自己的過程，你會越來越知道需要放下什麼與釋放什麼。你不會再人云亦云，你開始因為愛自己與接納自己有勇氣走自己的路。這就是第三章所說的向內旋的成長之道。

而當內在小孩成長茁壯，與高我的距離越來越近時，你會發現，你在同時間，對於同一件事情可以擁有很多不同的觀點，這就是開始超越二元性。

我們生活在一個二元性的世界，也就是所謂的物質界。在這個世界裡，有高就有低，有冷就有熱，有胖就有瘦，有生就有死，有好就有壞，有成功就有失敗……每一件事物都有兩個不同的端點，就像人與神，也是同一個意識體的兩端一樣。

有自戀型父母的孩子，或是出生在任何一種失能的家庭中的孩子，也許你們可以視這個無法改變的現實為自己的靈魂設下的快速成長道路。你給自己設下這麼大的挑戰，一定是因為你知道自己可以超越它。但是，你努力的方向要對。

對於自戀型的父母或是有其他人格障礙的父母，你當然需要設下清楚的界線，不再犧牲自己的權益，但是在內心必須知道，那是一種外在的應付機制，你仍然要在內在對自己下功夫。是的，他／她沒有在你小時候給你你需要的關愛或是注意，但是你現在已經長大，你需要透過愛自己，來為自己的生命負責。

而當你越愛自己，你會越發現自己內在靈性神性的那一面。**當你與自己的靈性越有連結，你就越能超越二元性的價值評判。**

因此，你一方面看到你的父親或母親有自戀型人格障礙，一方面又看到他／她的神性本質，一方面又看到他／她也是一個非常需要被關愛的孩子。這些以上皆是的觀點同時存在，沒有衝突矛盾。

比如說，你看到新上任的美國總統心胸狹窄，狂妄傲慢，甚至就是一個典型的自戀型人格者，但是你也看到，他就是促使美國民眾、甚至全球人更團結更覺醒的一個工具，有著他神聖的使命與他的價值。這些都是一個超越二元性價值評判的結果。因為透過擁抱自己的黑暗面，你不再執著於對錯，所以你可以有一個更完整、超脫的觀點。

好消息是，現在我們整個地球都在往五次元的世界前進，因此，我們的心輪勢必要越來越敞開，進入無條件的愛。而只有當你能給自己無條件的愛時，你才能給他人無條件的愛。

內在小孩的天真無邪與高我的智慧不但沒有衝突，它們還是相輔相成的。在奧修禪卡裡面有一張卡片是「天真」，它的圖案是一個老人充滿驚喜的看著手上停駐的一隻螳螂。當你的內在小孩被你的愛與接納療癒，他／她就能回復其原本的神子身分，那會直接影響你意識的高度。

當你的意識提升，你便自然地超越二元批判。當你放下價值評判，你才能有真正的接納。這一切都在互相影響。

然而，除了愛自己與接納自己之外，我認為在新／心時代裡，還有幾個非常重要的工具，是我們在日常生活中需要常去運用的。第一個就是靜心。

心時代的五大工具

一、靜心 meditation

靜心就是聽心。不管你是做動態或是靜態的靜心，它是關於給自己一個獨處、讓自己有意識地什麼都不作的空間與時間。英文的靜心（meditation）有時被翻譯為冥想，但是我認為這是一個誤解，因為meditation就是關於不去用頭腦。

其實我覺得「靜心」應該改為「靜腦」。因為需要安靜的是頭腦，而我們在日常生活中很難得有這個機會能夠讓頭腦安靜下來。我們的大腦常常不停的在轉，即使在睡眠時。但是，當你的頭腦一直在喋喋不休時，你很難聽到心的聲音。因此，靜心（靜腦）給你一個聽到你內心聲音的機會，所以是你愛自己的一個重要工具。

靜態的靜心通常就是靜坐。你也可以靜站。重點是身體盡量不動，藉由身體的不動來讓你的頭腦安靜下來。一開始時你可能會發現頭腦變得更活躍，好像不做靜心還好，一開始靜心，所有的雜念都跑出來了。其實那是你的覺知提高的結果。這些思緒平常不是不在，而是一直在背景run，就像一個電腦的程式一樣。

平常，你的注意力一直在外面。靜心讓你的注意力往內，所以你馬上看到有許許多多的思緒在亂竄。許多人在這個時候會產生挫敗感，會覺得自己作的不對，或是覺得自己不是「修行的料」。其實有雜念是正常的現象，**靜心的目的本來就不是為了要停止思緒，而是為了提高覺知。**正是因為你的覺知提高，你才能看到有這麼多的思緒。你應該感到高興才是。

所以，下次當你開始靜心而看到許多雜念時，應該在內在恭喜自己，然後繼續的靜心。你會發現，再過一段時間，那些雜念就像空中的灰塵一般，會慢慢地塵埃落定。當它們都安定下來時，你就可以看見你這個內在空間的全貌，聽到心的聲音。

動態靜心是透過作一些動作來靜心。最原始的瑜珈就是一種動態靜心。現在比較知名的動態靜心形式就是奧修的亢達里尼靜心與動態靜心。奧修說他是為了現代人而發展出動態靜心的，因為「現代人是一種非常新的現象，沒有任何一種傳統的方法可以完全適合現代人，因為現代人從來不曾存在過。人們頭腦的狀態改變了，在派坦加利的時代（瑜珈最著名的教導者），人類性格的重心不在頭腦，而在心。而在那之前，性格重心甚至不在心，而在身體更下方靠近肚臍的部位。重心與肚臍的距離越來越遠，到了現在，重心變成在大腦。所以，某程度說起來，所有傳統的方法都是落伍的。[1]」

我動態與靜態的靜心都做過一段時間，我的建議是，如果你平常很少動身體，常過度用腦，那麼你真的應該試試動態靜心。你可以在網上搜尋「奧修動態靜心」與「亢達里尼靜心」，或是買相關的書來閱讀，例如「橘皮書：奧修的靜心技巧」。它們的步驟都很簡單，自己在家就可以進行。

註：1.摘自奧修社區網站www.osho.com

動態的靜心在淨化能量體、釋放壓抑上有顯著的效果。常發生的現象是，在你用動態靜心淨化自己的身心一段時間之後，你自然的會想要靜坐，做靜態的靜心。請聽自己內在的指引，因為你最了解自己當下需要什麼。

靜心在新時代裡是極為重要的工具，我無法過度強調它的重要性。它不僅讓我們聽到心的聲音，讓我們可以接收靈感，也透過增強覺知啟發我們對自己的攝受力。

奧修曾說愛與靜心是一體兩面，我完全同意。真正的愛，不疾不徐，不離不棄，是帶著智慧的，**而智慧只能從心的深度而來**。

在新的時代裡，人們將會開始發現靈感或「被啟發」的重要性。在過去，我們太注重於在做事上（doing），而不是做事前的能量與意識狀態，這導致我們做的許多事往往是事倍功半。**以後我們做事的方法需要改變：要能量對了才去做，要有了靈感才去做。**屆時，那會為我們帶來事半功倍的效果。

藉由規律性的靜心和體驗痛苦，我們將可以攝受我們的情緒，而不是被情緒拉著走。在靈性導向的新時代裡，這對於成為自己的大師是關鍵性的一步。

因此，請從今天就開始靜心吧！即使是在上床睡覺時閉眼坐在床上十分鐘也可以。當你越來越深入靜心，你會發現，你的內在就是天堂的所在地。

二、寫日誌

「個人日記是最實用與最有利的自我發展工具。日記幫助人們度過生命中最艱困的時期。它可以成為你的心靈導師、生活教練與知己，幫助你面對人生中可能面臨的任何挑戰。」[2]

註：2.摘自「拿起筆開始寫，你的人生就會改變」，亞當傑克遜著。

書寫是一個非常有療癒力的創作過程。事實上，我發現**任何創造性的過程都有它的療效。**

你可能並不覺得寫日誌是什麼有創造力的過程，因為你的日誌可能都是在記流水帳。在這裡，寫日誌的意思不是記流水帳而已，而是寫下你內在最真實的感覺與情緒。這也是你抒發與釐清自己感覺的一個方法。有時候，在事情發生的當下，你只覺察到一種情緒。當你靜靜的書寫，你會發現內在有更多更深的情緒。

一九八六年美國德州心理學家潘貝克教授與畢爾小姐作了一個實驗，想評估書寫創傷經驗對於當事人是否有益。在第一批實驗中，四十六位健康的大學生連續四天來到實驗室，每天都花十五分鐘時間書寫自己的情緒。他們要求其中一些學生寫下曾有的創傷經驗，其他學生則只是單純寫作事先指定的主題。研究人員查看所有受試者的病例，並且將這些資料與生理測試、訪談紀錄和生理評估結果、一起進行統整研究。

研究很快發現表達性寫作似乎可以引起重大改變。學生在表達性寫作（書寫創傷）的活動之後，血壓、負面情緒與感受到壓力的生理徵兆，都有增加的趨勢。這樣的現象在預期之中，因為他們正在體驗受傷與失落的感受。令人驚喜的是，那些生理症狀很快就消失了⋯⋯接下來研究發現，參與表達性寫作活動的學生，在健康與幸福感方面都有顯著的進步。即使實驗結束六個月後，這群學生的健康狀況仍然持續好轉。

寫日誌也是一種提高覺知力的方法。在許多的日子裡，我們可能都是渾渾噩噩地從一個行程趕到下一個行程。當你把發生的事記錄下來時，你可以看到它的來龍去脈，提高對於日常生活的覺察力。歷史上許多成功人士都有寫日記的習慣。在一天結束時書寫，你甚至可以看到宇宙給你的任何徵兆與訊息。

因此，這裡有一個禮物要送給本書的讀者們，那就是高我傳遞下來的靈性成長日誌格式。

大約兩年前的某一個早晨，我睡醒之後記下了這個日誌格式。當我寫完時，我意識到這是高我給我的一種日記型態，來幫助我繼續成長。它主要有六個欄位，第七個欄位（今日感動和感觸）是我自己加上的，你可以用也可以不用。

主要的六個欄位是：夢境、感恩事項、同步事件、祈禱內容、是否有評判以及靈感或待辦事項。

1、夢境

我們其實常在睡覺的時候星光體出遊到一些靈性學校學習或服務。我們也常在夢中獲得一些靈感，但是因為我們沒有記錄夢境的習慣，常常在醒來之後就忘記了。如果你想記得你的夢，就要在床旁邊放一本本子（可以是此日誌）與筆，一睡醒就要馬上把夢寫下來，不能先去刷牙洗臉，如果先去做別的事情就很容易把夢忘記。

我很早就開始記錄我的夢，因為當我一開始靈修之後沒有多久，我的夢就變得非常的多和有趣。我甚至曾經在夢中看到前世。在過了二〇一二年十二月二十一號之後，也常在夢中出現平行宇宙的實相。

夢可以反映我們的潛意識，也可以反映我們靈魂的一些行程與歷程。請重視你的夢並開始記錄它。

2、感恩事項

感恩是你可以抱持的一個最重要的人生態度。當你為小小的事表達感恩時，宇宙會給你更多值得你感恩的事物。**當我們感恩，我們就是在順流，我們就是在接受的能量中**，而不是在抗拒的能量中。所以，在這個欄位中，請你記錄下十項你今天感恩的事情。它可以是任何的小事，例如喝到一杯很好喝的咖啡，或是看到一個嬰兒向你微笑。

3、同步事件

整個宇宙一直都在和我們說話，問題是，我們有在聽嗎？

共時性是非文字的宇宙語言，它是進入新的振動頻率的表徵，因此，在人類進入意識成長的黃金時期（尤其在二〇二二年底之後），它成為人們在生活中隨處可見的奇蹟，並引發許多在這之前從未探索過形而上的人們對靈性的事物感到興趣。不論是頻繁地看到11：11、222、444等重複的數字，或是一些看似巧合，卻是宇宙精心安排讓你在對的地方對的時間碰到該碰到的人的事件，都屬於共時性的範疇。簡單地說，同步事件是宇宙傳來的簡訊。在這個欄位裡，你會記下每日發生的同步性事件。這也是在訓練你把覺知放在所謂的巧合上面。事實上，巧合並不存在。每一個巧合都是你的高我精心設計、安排給肉身的體驗。

4、祈禱內容

同樣的，這個欄位也是提醒你要每天祈禱或祝福。**靜心、祈禱、祝福是我的「三位一體」**。如果你覺得你沒有什麼想要祈禱的，你可以為他人祈禱。

祈禱與宗教無關。祈禱的本質就是與源頭對話，告訴它你在哪裡需要協助。**祈禱的重點只有二字：「真實」**。如實如是的告訴源頭你需要什麼樣的幫助，為什麼你需要這個幫助，然後讓源頭決定要怎麼幫助你。

我在印度翻譯時曾經聽過一個故事，那就是一個外科醫生在幫病人開刀時向他的神祈禱，因為病人快不行了。他向神說了許多的該救救這位年輕病人的理由，包括病人家裡上有老下有小，病人是傑出的年輕人⋯但是神都沒有回應。最後，他很無助的祈求，並說出他真正祈禱的原因：「神，我不要我開刀的完美紀錄裡面出現失敗的紀錄！」這時，神才回應他的祈禱。

這就是真實的力量⋯更何況，在神的面前，你不真實也沒有用！其實神就住在你的裡面，你怎麼可能對祂不真實呢？

5、今日評判

寫這個欄位的目的是提高你自己的覺知力。因為，你評判他人的地方，就是你評判自己的地方。如果用下面的例子來說明，記錄者在捷運上看到一位中年女士穿著清涼的衣服而生出批判心。那代表她可能在心中對於女性的角色有一些價值評判，對於女性的身體有一些價值評判，對於「美」或「老」的意義有評判。這一切都是為了看到自己，看到在哪些層面自己還有很多「應該」，沒有完全接受自己。

6、今日靈感與待辦事項

當我們開始規律性的靜心，我們就會開始接受一些靈感。這些靈感常常是關於我們在生活中應該做些什麼。不要因為它是小小的靈感（例如去哪一家店買一個什麼東西）而不記錄或不去做。高我給我們生活上的指引時，不會一次把所有的步驟、整個尋寶圖都一下傳遞下來，我們往往只是一次下載一小步而已。當我們去完成這一小步時，我們才會接到下一步的指引。

我們可以把靈感都記錄在這個欄位裡，在週末時去檢查一下是否這週的靈感都已經完成。

7、今日感動和感觸

這一欄是我自己加的，因為我覺得還是要有一個地方寫下當日的心情。尤其是我們現在正在進入新／心時代，心輪會漸漸的打開，生活中常會有一些事情引發我們的感動與感觸。

去觀察自己的心情與感覺是重要的，這也是愛自己的一個方式。

以下是一日日誌的範例：

今日感恩事項	今日夢境
1. 感謝出門時記得帶傘 2. 感謝Petty請我喝下午茶 3. 感謝出版合約談成 4. 感謝爸爸為我煮了綠豆湯 5. 感謝我有一個舒適的家 6. 感謝我每天有熱水可以洗澡 7. 感謝今天我以如此美好的夢開始一天 8. 感謝今天有人稱讚我很有品味 9. 感謝今天在捷運上有位子坐 10. 感謝今天又得到新的靈感	夢到我在一個大型遊樂場中，似乎是在未來，但是我的心情和樣子都很年輕。我和一群志同道合的朋友們一起，我們既是遊客，也是主人… 我們玩得好開心，忘記了時間。有一個人說：「這裡沒有時間啊！」所以我們繼續玩，還教別人怎麼玩。愈多人加入，我們愈開心！

今日靈感／follow-up	今日祈禱／祝福	今日評判	今日同步事件
聯絡大學同學Gloria看她近況 查美國機票	請療癒我與Simon的關係，請幫助他可以再度信任 請療癒所有安樂死的流浪動物的靈魂 祝福地球	捷運上看到一位穿著清涼的中年女士，心想：「上了年紀的女人不要穿得太涼快比較好。」	到達咖啡廳後，外面忽然下大雨 看到2次222

今日感動和感觸

「這花真水啊！叫什麼名？」

正當我蹲在路邊欣賞店家前的盆栽時，聽到背後傳來這一句話。我回頭一看，是一位推著載有一堆紙箱的推車，緩緩而行，微笑著的阿婆。

我先是被阿婆的話驚喜，因為看似過著艱難生活的她，原來沒有失去生活中的閒情逸致。但是當她搖搖擺擺地經過，我用破破的台語回答她之後，我才注意到她完全外彎的左腿...原來這才是她走的那麼慢的原因。

煞那之間，我忘了眼前盛開的不知名花兒，眼睛模糊了起來。

三、舞蹈或其他運動

我有許多朋友都是靈修人。我發現那些有常動身體與沒有常動身體的人，在能量上還是有一定的差異。

沒有常動身體的人，他的靈性知識與洞見往往無法落實在生活中，也比較不容易排出舊能量，可能變成說一套作一套。因此，我在這裡列出舞蹈等方法，它們都是和動你的身體有關。

生命就是動。當能量停止不動時，才會阻塞，才會有病痛產生。流動的水不會污濁，所以，我們一定要讓能量流動起來。

我從上小學三年級時開始跳舞，學習過民族舞蹈、現代舞、芭蕾……出社會後又學習了巴里島舞與騷莎。舞蹈是我最喜愛，也是對我而言最自然的方法。透過舞蹈，我不僅運動到我的身體，我還可以表達我的創造力，還可以享受音樂、享受活在當下的感覺。如果在我成長時沒有舞蹈與音樂的陪伴，我真的不知道今天的我會在哪裡。

而真正的跳舞，其實就是一種動態靜心。它不是關於任何的舞步、技巧、甚至無關於節奏感。它是關於傾聽自己內在的聲音，跟自己的身體在一起，允許身體去做它想要做的、表達它想要表達的，無論別人看起來是美或醜。它是一種對自己的忠誠。

身體永遠是真實的。身體不會說謊。當我看一個人跳舞時，我可以看到很多他的制約、關於他個性上的東西。

你可以試試看：找一個不會被打擾的時間，把自己關在房間裡，放你有感覺的音樂，然後讓你的身體做它想做的事。

它可能開始跳舞，它可能坐在地上，它可能蜷縮像嬰兒一樣，它可能開始哭泣⋯⋯不用去管它，就是讓身體做它想做的。這就是catharisis（淨化）[3]。

我受過一種叫Inner Dance的課程的訓練。它的方法基本上就是這樣，而學員自動會進入各式各樣的情緒釋放的過程中。而當內在的情緒都

註：3.淨化作用（Catharsis）是一種利用音樂與藝術來純潔心裡，撫平悲傷的方式，由亞里士多德提出。在音樂與藝術中，讓傷感與恐懼得到釋放，而後重新恢復正常心理狀態。

釋放的差不多時，你常常就會自動得到關於你生命的洞見。

因為我們每一個人本來就是一個導體，也是載體，當我們承載太多的情緒而沒有釋放時，它就像我們的眼鏡上沾了一層灰一樣，讓我們無法有清晰度。當我們讓情緒釋放流通，我們自然回到我們清晰的導體本質，可以接收來自四面八方的訊號。

這就是為什麼許多人開始靜心之後，開始有一些類似心電感應的「靈通」能力⋯⋯其實這樣的靈通力本來就是我們天生俱有的，只是後天的沾染與制約讓我們不去使用它，或讓它變鈍而已。靜心是一種靜態的淨化方式，而舞蹈是一種動態的淨化。

舞蹈的另外一個好處，是讓你與自己的身體更為靠近。

身體永遠是在當下的，這也就是為什麼如果我們想要真的活在當下，我們一定要與自己的身體是親密的，而不是常常活在頭腦裡，與自己的身體脫離。

剛開始跳舞時，你可能會發現力不從心，因為身體很多地方都是僵硬緊繃的。但是，當你越來越常跳舞，你身體的流暢度與柔軟度都會改變。**你會發現自己更像一個流，更容易與生命流動**，更容易隨順。因為畢竟身心是一體的，當你的身體變得更柔軟時，你的內在當然也會變得更流暢。

而一些需要與人接觸的舞蹈（例如騷莎Salsa），除了上述的好處之外，更會幫助你學習如何與人互動。總之，舞蹈的好處實在是說不完，與參加健身房比起來花費又不高，又可以認識新朋友，實在是非常健康的一種娛樂與嗜好。

如果你實在不喜歡跳舞，那麼還是建議你做其他的運動，例如慢跑、游泳、瑜珈、打籃球…最好是可以曬到一點太陽的運動。

許多亞洲女性害怕曬太陽，雖然我也不太喜歡曬太陽之後出現的斑點，但是我還是會去曬，因為我發現太陽的能量對我的身心靈有非常多的好處。

我們常形容正面溫暖的人為很「陽光」，這是有道理的。當我心情不好的時候，曬太陽能幫助我轉換心情，因為它大大提升我的平靜程度，尤其是在二〇一二年底之後，地球正式進入黃金年代，我深深地感覺到太陽的能量和以前不一樣，也常會在靜心時直覺到我應該去曬曬太陽。印度也有一位人士H R M，據說他已經不進食靠凝視太陽（Sun Gazing）活了二十年，曾在二〇〇〇至二〇〇一年在二十一位國際研究人員的監督下進行了為期四百一十一天的斷食。我們一般人也許不會想要作那麼久的斷食，但是知道人可以不進食，只靠空氣與陽光而活，其實是一件很有力量的事。

大自然與人類本來就是不可分的。大自然對我們有強大的療癒力。因此，建議你在運動時可以多在戶外，在有大自然的地方運動，即使只是半小時。運動加上大自然的能量，能幫助你的身心更快的排毒。

四、創造性活動

如果你常做第三項所敘述的自發性舞蹈，其實你已經在從事一種創造性的活動。如果沒有，建議你可以開始做一些例如畫畫、唱歌、烹飪、設計、手工DIY、寫作等的可發揮創意的活動。你會有很不一樣的感覺。

我們本來就是造物主的一部分。我們本來就有神的特質，**而神的一個主要特質就是創造力。**

當你與內在神性更靠近時，你自然會發現你的創造力提高；同樣的，當你提升你的創造力、發揮你的創造力時，你也會跟內在神性更靠近。

當你療癒過往傷痛時，你會有更多的能量可以使用，**而能量必須走向某個方向。它如果不是走向創造，就是走向破壞。**

記得我在二〇〇〇年從美國搬回來之後，我曾經去紀錄片導演的工作室打工，因為我仍然對電影藝術有興趣。但是後來，我開始更大膽的重拾兒時的興趣——舞蹈，而且是學習我從來沒有學過的芭蕾，因為我感到內在有更多的能量想要出來，想要揮舞，而舞蹈是最直接的方式。在二〇〇三年母親住院時，我也因為壓力太大開始練我在美國曾經接觸過的Salsa舞，直到今日。

舞蹈的確具有療效。在跳舞時，你只能活在當下，你不可能一邊想著過去未來一邊跳舞。事實上，從事任何創造性活動時都是這樣。不管是繪畫、玩音樂、雕塑、寫作、演話劇還是烹飪。

雖然我主要的對生命的洞見是來自於我的靈修生活，但是我的舞蹈生活，對我的成長而言，就像是單車的輔助輪一樣。我常常感恩我有這一項健康、有創造力的嗜好，讓我的ego有一個空間可以發揮，可以健康地去在生活中得到關注（未覺醒的自我，都需要得到注意，只是很多人是以負面的方式去滿足自我的這個需要），同時得以發揮培養創造力。

而書寫，更是一種人人都能實行的創造性活動。無論是寫日記、寫下自己的生命故事、或是以書寫來與自己對話，都是一種療癒性的活動。

第一次寫這本書的初稿時，距離現在已經近九年。我一開始動筆時，便意識到這是一個重新拜訪舊傷的深度療癒過程。在寫到某些段落時，我常常需要停筆，因為情緒已經潰堤。

多年之後，回憶起那些片段，我的心情已經平靜，甚至有些片段的輪廓已經模糊，因為我已不再將母親的生命與疾病畫上等號。但是我知道，這書寫的過程幫助了我將覺知的光帶入那些被遺忘、沒有被清理到的黑暗角落，我才能往前走，重新聚焦，重新定義生命中的一些發生。

創造力不是關於標準答案。創造力就是以全新的心迎接當下。它會挑戰你去放下頭腦的框架，放下對於已知的需要，尤其是我們從小生長在有標準答案的教育制度下的人，更需要這種挑戰。

有一句話說：「當你自以為找到了生命的答案時，生命卻已改變了它的問題。」生命沒有標準答案。生命也不是一張考卷。每一刻都可以是新的一刻，只要你願意發揮你的創造力。

五、閉關

對每天靜心一小時以上的人來說，閉關也許不是那麼的必要。但是如果你沒有常常靜心，我強烈建議你每個月找一天或兩天閉關，讓自己與外界隔絕，完全的安靜下來。

生活在現代社會裡，每個人每天都被無數的訊息環繞著。無論是臉書、Line群組、微信、ＩＧ、微博、email…要看完所有的訊息幾乎是不可能的。而大部分的工作連繫都在虛擬世界中完成，代表每一個人都要有網路身分，也代表每一個人都更容易被找到。

在過去，靈性大師通常是在深山修行的隱居人，要尋得非常不容易，得經過千辛萬苦、跋山涉水才能找到。在二十一世紀裡，要做大師，首先得要有３Ｃ手機才行。

總而言之，在這個訊息轟炸的時代裡，不管是不是靈性大師，都要讓自己有一段不被人找到的時間與空間。你只要事先與家人溝通好，安排好所有事情，你就可以把手機關掉，去到深山也好，在旅館的一個房間也罷，過過你的安靜小日子，**重新與自己而不是與網路連結。**

如果你想做得更極致一點，你可以搭配斷食，無論是果汁斷食、果菜汁斷食、或是午後斷食⋯⋯視你自己的身體狀況而定。畢竟，身體也需要閉關。

除了飲食上的調整之外，還有一個重點就是禁語。也許你閉關時是去一個集體閉關的地方，或者你在自己家裡閉關，但是很多人不知道的是，**閉關就是要閉嘴。**沒有禁語的閉關，注意力還是在外面，完全失去閉關的意義。

閉關就是和自己在一起，完完全全地和自己在一起。如果你還在說話，你的注意力無法深入到內在，因為它是漸進的。在兩三天的閉關結束時，常常會有學員覺得意猶未盡，覺得才剛剛嘗到甜頭的時候就要結束了。我自己在合一大學曾經有過二十一天不講話的經驗，在二十一天結束時，我非常感謝自己完全遵守禁語，因為我花了那麼多的錢與時間來到這裡就是為了進入內在，為了探索生命，不是為了交朋友。在二十一天結束時，我也覺得其實我可以繼續的禁語下去。

也許這就和斷食一樣，**我們已把習慣當成必需品**，覺得不進食、不說話好像就無法活一樣。其實那只是一種習慣。

總之，閉關讓你有一段完全與自己相處的時間，你會更發現自己的內在有什麼：無論是需要療癒與整合的黑暗面，或是需要發揮的潛能，它都值得你去好好探索。

6

幫你找回自己的靜心

註：1.這個靜心出自於"Affinity：Reclaimimg The Divine Flow of Creation"一書，Bear & Company 出版，2001。其中也許有一些你不熟悉的稱謂，像是「彩虹火焰之光的上師」，建議你可以和我一樣，就直接關想彩虹的火焰，不需要太拘泥於文字。信任你的高我會引導你做這個靜心。

一、清除與父母的能量臍帶以及連結神聖父母的靜心[1]

大約一年多前，我做了這個某天在一本英文書上看到的靜心，因為我對它的標題很有感覺，也因為我在某次體驗痛苦時看到我的能量實相——就是我對父親的心理依賴。而任何有自戀型父母的孩子，或是出自於功能不健全家庭的孩子，無論表面如何獨立，通常都對父母有很大的心理依賴，內心還是非常在乎父母對他／她的觀點與評價。

在做關於母親的前半段時，也許因為我已經有與母親精神體連結的經驗，我很快地看到母親的高我其實就是我現在的靈性母親。當我做到與父親有關的後半段，我一開始並沒有強烈的感受到我的靈性父親是誰。但是在做完靜心之後的幾天裡，我接觸到一些和我非常相應的靈性教導，而它們剛好都是從男性的靈性導師或靈媒傳達而來。

我認為這個靜心最大的好處，是在於讓自己知道現在是長大的時候了，是要為自己負完全的責任的時候了。正如你無法為父母的快樂負責，你的父母──無論他們曾經如何正確或錯誤的對待你──也無法為現在的你的快樂負責。所以，在做這個靜心之前，你可以先問問自己，你準備好要長大了嗎？你準備好要讓爸爸媽媽自由了嗎？

這個靜心非常有力量。做完這個靜心之後，我可以感覺到我與父親之間的關係能量被清理了，我在那一段時間裡與他並沒有太多的互動，但是當我們互動時，我們比較像是朋友。朋友的關係形式，是最佳的關係形式，因為雙方是平等的，在其中有接納與尊重，而且你不會把過多的責任加諸在朋友身上。

當你願意讓父母從他們的責任中釋放時，你也就是讓自己有更多的空間成長與擴展。放下所有對過去的遺憾，你的父母已經盡力了，因為也許你從一開始就在一個比他們更高的意識層次裡。感謝他們以一個凡人之身辛苦的扶養你長大，讓你長大之後還可以藉由這本書或任何靈性的方法來愛自己與療癒自己！

靜心步驟（你可以先把它錄音下來）：

1、找一個不會被打擾的空間與時間。點上蠟燭或香，**請你的高我幫助你，引導你做這個靜心。**閉上雙眼，進入靜心。深呼吸，直到你感覺整個身體都充滿氧氣與靈在。

2、檢查你的能量接地線（感覺自己的能量有沒有通至地心，如果沒有，觀想自己的脊椎往下延伸出一條能量線通到地心），如果需要的話再重新接地。確保你的氣場在你身體周圍的兩到三呎之處，包括你的腳下。

3、請彩虹火焰之光的上師們讓你的氣場中充滿了彩虹火焰，平衡所有的能量體以及創造一個能量的保護濾網在你的氣場邊緣。

4、請海豚星大殿的光之議會幫助你感覺你的臍帶部位。請他們幫助你釋放任何與母親殘留的舊能量與臍帶連結。

5、將一隻手或雙手放在你的肚臍部位。在你清除這個臍帶之前，請你母親的精神體和你母親的守護天使來到這裡，站在你的面前大約六到八尺處。花一點時間去感受她的靈在。告訴母親，你為你的內在小孩負全責的時候到了。該讓她從母親的責任中釋放出來了，包括從療癒過去任何不當行為的責任中釋放。

6、任何你覺得她應該做而她沒做的事情，或是她做錯的事情，讓她知道現在都不重要了。**你現在不再對她有任何期待要求，她可以自由的去圓滿開拓她自己的人生。**

7、告訴她，你知道在你出生前，你和她曾訂定合約來讓你投胎作為她的小孩、她做你的母親。你知道她已經完成了這個角色的責任。告訴她，現在結束這個合約並不是代表她在被處罰，或是被怪罪，**而是你們的關係進入新的階段的時候到了。**

8、即使你內在還對她有一些責怪或憤怒，告訴她你會負全責來讓自己有寬恕與感恩，即使你現在沒有辦法完全做到。

9、如果你已為了任何錯誤或不恰當的行為寬恕她，告訴她：「我原諒你」。你將她從任何對你的業力中釋放出來。

10、感謝她作你的母親，完成約定。

11、想像你們的合約就像一張現實生活中的合約書一樣。上面有她同意要做你母親以及相關的所有細節。把它撕成碎片。然後請彩虹火焰之光之上師生起大營火，把合約書的碎片燃燒殆盡。

12、把臍帶拔出來。如果很困難，有任何臍帶生根或太乾的現象，觀想像液體的紫色光進入那個部位，然後慢慢拔除。一手握著臍帶的尾端，另一手拔出在你母親的那一端。當它完全的被移除時，兩隻手把這一整條臍帶交給你的高我。**請你的高我協助你釋放所有舊的能量，讓你與母親現在的連結是在高我的層次**，而且免於任何的業力連結。傳送給母親金色的光，來填滿在她氣場中留下的洞，並且同樣的填滿在你氣場與肚臍部位留下的缺口。請你母親的守護天使帶她到她現在需要去的地方。

13、現在，喚請一切造物的神聖母親。請她派一位她的神聖女性指導者或代表來，無論那是一位天使或是揚升大師都可以。請她給你你的神聖靈性母親。

14、當那位代表前來時，請她握住你的左手。也許這是一位你認識的存有，也許你不認識。當你感覺與神聖母親的連結時，問她三次她是否是光的存有。如果她說不是，請她離開，然後再送出一次祈求，要求只有你身為光之存有的靈性母親才能前來。然後，問她她的名字是什麼。傾聽。

15、她會將一手放在你的心上，來與你做一個心與靈魂的連結。此時，**請她給你一個新的光之臍帶，讓你可以維持與靈性母親的連結，而她可以協助你開始轉化任何你可能還有的與肉身母親的課題。**

16、當你呼喚你的靈性母親來幫助你，不僅為了療癒你肉身母親造成的傷痛，也包括幫助你的內在小孩以一個神聖與充滿愛的方式和她（靈性母親）調頻時，讓你自己充滿這個新的光。從臍帶的部位深吸一口氣，吸到在你胸部中央的靈魂中心。靈性母親從現在開始會站在你的身旁，幫助你持續做這個靜心。

17、請你肉身父親的精神體前來，與他的守護天使一起。請他們站在你前面六到八呎處。

18、感覺你太陽神經叢的部位，感覺或是想像你與你父親之間的能量線在那裡。在你移除這個能量連結之前，與他以剛剛和母親說話同樣的方式說話。讓他知道，在你出生之前，在母親受孕之前，你即同意做他的小孩。告訴他，你知道你們訂定了合約讓他來扮演父親的角色，而他也做到了，所以你現在要釋放任何的怪罪、批判、因為他已經完成他同意的部分。

讓他知道，你為了所有他曾犯的過錯與造成的傷害原諒他。如果你現在無法完全寬恕，告訴他你負全責來讓自己有完全的寬恕。**他身為父親的責任已經了了，因為身為一個成人，你對自己的內在小孩負責、連接你的神聖父親的時候到了。**

19、讓他知道你釋放任何對於他的報復心以及報應心。他對你的業力已經結束。他現在可以自由的去追求他的人生道路。謝謝他盡全力扮演你父親的角色，謝謝他願意做你的父親。把與他訂定的合約書撕成碎片。讓它在彩虹火焰中燃燒殆盡。

20、現在從你的太陽神經叢移除這個能量線。當你移除你這邊時，握著它，再移除你父親那邊的。記得——如果能量線已生根或很緊，觀想一些溫暖的液態紫色光進入那個部位來幫助它變鬆。當兩邊的尾端都被移除，把能量線交給你的高我，**請你的高我幫助你消融任何過去的舊能量，讓你可以只在高我的層次與父親連結。**將一個金色的光束送給父親，填滿移除能量線留下來的洞，並且也將自己的氣場充滿金光，直達你的脈輪。請你父親的守護天使帶他到他現在需要去的地方。

21、喚請一切造物的神聖父親。請他派給你一位他的代表或指導者，無論他是一位天使或揚升大師。請他讓這位新的靈性父親前來，握著你的右手。當你感覺到與他的連結時，問他三次他是否是光的存有。如果他說不是，請他離開。請求只有你身為光的存有的神聖靈性父親前來。

22、當你感覺到與他的連結時，問他他的名字是什麼。告訴他，你希望他能幫助你療癒任何還存在的與父親有關的傷痛，你希望他幫助你一直都能與一切造物的神聖父親有連結。花一點時間來感覺這個新的連結。

23、**請你的靈性母親與靈性父親和你手拉著手，你站在中間。讓這個能量在你們三位之中流通。**與他們約定，請他們幫助你，讓你的內在小孩重生成為魔法小孩，充滿了天真無邪與光明、喜悅、創造力和驚奇。**請他們幫助這個內在小孩記得他／她自己是一個神聖的孩子。**請他們幫助你完全釋放過去，讓他們知道，你願意放下與肉身父母相關的任何課題。知道你現在已經可以直接地與你的神聖父母以及靈性父母連結。

24、花幾分鐘感受這個能量的調和。這個三位一體是關於神聖父親、神聖母親、以及基督意識神子（你自己）之間的關係。請神聖父親與母親和你及你的指導靈一起工作來恢復你這個神聖的連結。當能量流入你的左手並隨著手臂流上，允許它進入你的心。

25、知道你的靈性父母一直都在你身邊讓你召喚，你現在可以放下你的手。感謝他們願意做你的靈性父母與指導者。深深吸口氣進入你的全身，感覺你的腳站在地上。請地球之心水晶的守護天使們送充滿愛的地球母親能量到你的腳。召喚太陽，請太陽送給你一些他的帶著神聖父親能量的金色陽光，到你的頂輪。**讓這些能量在你的心會合與交融。**吸入這兩種能量到你的心，一直到它被充滿。

26、把你自己完全的帶回到當下與這個空間裡。張開你的眼睛。

二、與父母和解[2]

1、找一個不會被打擾的空間與時間（至少二小時），並且準備會感動你、讓你比較快進入情緒中的音樂[3]。點上蠟燭或香，**請你的高我，或是靈性父母親幫助你，引導你做這個靜心。**閉上雙眼，進入靜心。深呼吸，直到你感覺整個身體都充滿氧氣與靈在。

2、在心中立下一個意圖，讓自己完全進入與父母的關係中。你不會逃避靜心中浮現的任何事或情緒，你不會抗拒或否定從你的童年或是成年出現的任何經驗。**與自己做這個約定。**

3、放音樂。隨著音樂開始播放，慢慢地在心中看到母親的面容。

4、母親看起來如何？她快樂嗎？她是在微笑還是傷心？她的表情怎麼樣？她看起來幾歲？

5、仔細的觀察母親的表情，不要迴避。感覺母親的心裡在想什麼，或是去傾聽母親想說什麼。

註：2.即使你的父母有一方或雙方都不在了，你仍然可以做這個靜心，因為他們還是活在你的心中。
3.可以使用有小提琴、鋼琴的純音樂，例如電影「辛德勒名單」的配樂。

6、現在把你的手放在自己的心上，**去感覺自己看到母親時的感覺…第一個感覺是什麼？**愛？愧疚？心疼？…**感覺你裡面有什麼話想要對母親說。**讓自己把它說出來。也許是你壓抑了很久的話，不要去過濾它，趁這個機會表達出你心中真正的感覺。

7、也許，那是好久好久以前發生的事，也許，那是昨天才發生的事。不要去過濾，就是讓此刻浮現的傷痛真實的表達出來：「妳為什麼都不關心我？」「妳為什麼偏心哥哥？」「妳為什麼不好好照顧自己？」…如果有任何情緒浮現，如果有眼淚掉下來，就讓它自然發生。你甚至可以捶地板、打枕頭。

8、當你覺得一件事情的情緒已經表達完之後，感覺一下，是否還有另外一件事。不需要催促這個過程。讓自己沉浸其中。

9、當你覺得內在的傷痛已經表達一段落之後，感覺母親的表情是否改變。她是否也變得比較快樂？如果沒有，去感覺她想說什麼。傾聽她。

10、與母親的交流告一段落之後，以同樣的步驟，開始在心中看到父親的樣子。（如果與母親這一段很強烈或花很多時間，建議擇日再作父親的部份）

11、父親看起來如何？他快樂嗎？他是在微笑還是難過？他的表情怎麼樣？他看起來幾歲？

12、**仔細的觀察父親的表情，不要迴避。**感覺父親的心裡在想什麼，或是去傾聽父親想說什麼。

13、現在把你的手放在自己的心上，**去感覺自己看到父親時的感覺…第一個感覺是什麼？**愛？愧疚？憤怒？…。**感覺你裡面有什麼話想要對他說。**讓自己把它說出來。也許是你壓抑了很久的話，不要去過濾它，趁這個機會表達出你心中真正的感覺。

14、也許，那是好久好久以前發生的事，也許，那是昨天才發生的事。不要去過濾，就是讓此刻浮現的傷痛真實的表達出來：「你為什麼都不理我？「你為什麼偏心哥哥？」「你為什麼那麼兇？」…如果有任何情緒浮現，如果有眼淚掉下來，就讓它自然發生。你甚至可以捶地板、打枕頭。

15、當你覺得一件事情的情緒已經表達完之後，感覺一下，是否還有另外一件事。不需要催促這個過程。讓自己沉浸其中。

16、當你覺得內在的傷痛已經表達一段落之後，感覺父親的表情是否改變。他是否也變得比較輕鬆？如果沒有，去感覺他想說什麼。傾聽他。

17、當你覺得所有的情緒都釋放表達，溝通都完成之後，祈請你的靈性父母站在你與父母的中間，把手牽起來。請你的靈性／神聖父母以無條件的愛療癒、充滿你們每一個人的心。

18、**觀想你們都抱在一起，金色的光充滿你們每一個人的身與心。**所有的不諒解、所有的誤會與傷痛都在金色的光中被消融殆盡。

19、感謝你的父母、感謝你的靈性父母與高我。請他們回到他們本來的所在。以感恩結束這個靜心。

7

不作自己的人，才是最自私的人

——高我對話錄

關於通靈傳導

Everything…都是你
不管你通誰，通什麼
祂都是你的一個面向，你的一部分
另一個次元的你
因為一切都在內在
沒有東西在外在
（我的眼光落在我在使用的筆上——這個筆的製造廠商叫「聖得」）
聖得，神聖獲得
代表當你與神連結

你總是得到
你不會失敗

關於愛自己

不愛自己，才是最大的罪
因為逆天叛道
違反了大倫理
所以一個不愛自己的人，才可能會有輕生的念頭

靈魂的食糧
是與自己在一起
獨處是必要的

即使只有十分鐘
這是終極愛自己的方式
若家人有不諒解的情形
你可以對他們坦承
這是你滋養自己的方式
因為，當你愛自己
你才可能去愛別人
尤其是，為人父母者
因為不是「言教不如身教」
而是身教才是唯一的教育方式

當你榮耀自己的需要
別人也會榮耀你的需要
同時受到你的啟發
檢視他自己的需要
因此，愛自己，是一種服務
愛自己，是吸引一切豐盛形式的前提
「愛，就是道
愛，就得到」

我：神，什麼叫愛自己？

愛自己就是尊重自己

不批判自己

守護自己

幫助自己

做自己的天使

做自己的聆聽者

相信自己

永遠支持自己

我：一個人怎麼會不支持自己呢？

堅持自己的道路，就是支持自己

不是說做錯了還為自己辯護

那不叫支持自己

支持自己的使命

支持自己的成長

支持自己的心願

支持自己實現夢想

我：我以為那是您的工作？

「天助自助人」，這不是你們很有名的一句話？

我：是……所以努力還是需要的。

努力是必要的。沒有努力不會有任何事發生，即使一切都是天意。

這不是一般意識層次所能理解的，不用去揣摩它。

「盡人事，聽天命」就對了。

我：但是不是也有像剛剛我被治療時得到的訊息，要等我完全準備好，因緣具足，再行動比較好？

對啊，但也不是叫你完全不用行動。因緣具足也是一種行動帶來的結果，就像你那天跳舞認識新朋友一樣。如果你只是坐在家裡，會認識人嗎？這「人」不就是「因緣」嗎？

我：那我怎麼知道我準備好要開課了？或做個案？或做這做那？

你當然知道，就像你怎麼知道自己準備好要帶團一樣。你有想那麼多嗎？你的慾望與意圖在那，你就會去做。當你去做時，你就準備好了。

我：所以根本沒有準備好、沒準備好的問題嘛！

「準備好」通常是指時機成熟。但我們常忽略一點，我們的意圖或熱情也可以使時機更成熟，或更快成熟。這就是你今天在書中讀到的「愛的力量」。（今天讀的書是「地球生命圖書館」）。

我：我了解了⋯我想××就是因為有熱情，所以即使某些部分是欠缺的，她還是成為一個成功的課程主辦人，對吧？

是的，那叫作labor of love。你可以從她身上學習⋯你成熟了，不再只看到她缺乏或不專業的部分，而是看到好的部分，這也表示你可以從她身上學東西了。

我：是的。還有××也是⋯我現在了解為什麼她以前是那個樣子⋯她有時候表現得太偏執，沒有融入生活，甚至與生活脫節⋯我想她所有的思緒都放在傳道這件事上，有點像是當作家在寫作，或是畫家在畫畫一樣。我有時也會進入一種類似的狂熱狀態，而沒發覺時間已經是三更半夜，或明明很累還要打電腦，而不知不覺忽略了身體。講到這個，為什麼神您不能提醒我？

你沒有說啊。

我：我沒有說，但什麼事都要我說嗎？您不是我爸爸嗎？您不是應該主動照顧我嗎？而且您也有在別的事上照顧我啊。

但你不是最討厭你爸管你嗎？

我：是的⋯好吧，反正請您以後在我沒有善待身體，沒有注意養生時提醒我！謝謝！

OK。

我：還有別讓我那麼晚起床！等一下，我知道您要說什麼：「那次你祈禱，我也叫了你起床，是你自己又回去睡⋯⋯」我也知道這樣的情況已經發生好幾次，但是神，拜託，您是萬能的神，如果我再回去睡的話，您就變出一盆冷水把我澆醒！或是把床變不見，讓我掉在地上！拜託，您是萬能的耶！我真的不想再晚睡晚起了！我要有正常的作息時間！

關於自動書寫

自動書寫是一種無需被教的方法它需要的只是操練

想自動書寫者安靜的坐在桌前開始在空白的筆記本上寫字

最好是速寫本或加新記事本而且是往上翻頁的那一種

寫著不過濾進來的任何想法而只是如實的寫出來在紙上會有一定的頻率與速度不需要去擔心記不記得住只要如實的寫出來即可任何擔心只會阻

擋這個「流」

當你處在流中似乎停不下來這就是自動書寫

坊間有人鼓勵用左手自動書寫其實不需要尤其是靜心者

只要找到那個點進入那個流之後一切就毫不費力

所有的東西也就只是一個「流」。只要你找到那個點，進入那個流，你就可以「順流而上」。

關於飲食

每一個肉身都是從道而來

每一個肉身都是道成肉身

當你認出身體的神聖性，身體就能承載更多的光當你認出身體的神聖性，你會用最好最天然的物質滋養它，裝飾它，而不是加工的東西。

所謂「加工」，就是不自然，就是偏離了「道」。

「加工」是人類文明的產物。「文明」在歷史的發展、演化上有其特殊的意義，但過度發展的「文明」、「文化」，只會讓人類越來越遠離源頭。在文明與自然之間需要有一個平衡——先天與後天的平衡。

就拿飲食文化來說，一般皆認為越繁複的手續烹調出的食物，可說是越有「文化」，但其實許多營養素已經在過程中被破壞。人類吃著對身體沒有幫助的食物，然後再吃一堆「營養補充品」——這一切只是一個無意義的循環，甚至只是一種打發時間的行為。

生命需要進化。當意識提升時，身體也要提升。因此，供給身體養分的食物也需要提升。光吃素食還不夠。過多的加工食品——不管是葷食素食——糖、鹽都只會為身體帶來負荷。一天一小步，漸進的調整你的飲食習慣。做你需要做的採買與淘汰。像清理衣櫃一樣清理你的廚房櫥櫃。

當你要升級時，你所用所吃的東西當然也要進化。用平常心看待這個改變。

生而為人
感官是你這一世最重要的物質資產
你用它界定你在空間中的關係
界定你身為人的體驗
好好保養你的感官
就如當你吃過度營養的食物時
會導致心血管阻塞一樣

不當的食物，也會堵塞你的感官

要讓感官保持敏銳

除了靜心之外

食物要清淡

飲用大量的水

食用大量的生鮮蔬果

關於生命的意義

我：神，我愛你。為什麼昨天一直看到614這個數字？是要讓我知道我走在正確的道路上嗎？

沒有正確的道路，也沒有錯誤的道路。你知道這點的。

我：就像我現在是跟你說話還是跟我自己說話也沒有分別一樣？

賓果（沒錯）。

我：哇。那我們為什麼要做任何事呢？作任何事的意義在哪裡（what is the point）？

沒有意義（no point）。這就是它的美之處。美跟實用性沒有關係。為什麼畫家要畫畫？為什麼舞者要跳舞？是為了觀眾嗎？當然不是！是為了畫畫與跳舞的喜悅，你自己都體驗過。

我：是的。如果一個畫家是為了他的觀眾或買家畫畫…那一定不是他最好的作品。最好的藝術品通常都是在沒有任何目的的狀況下創造出來的。

所以你看到了，沒有意義。

我：但是如果沒有意義，很多人會覺得痛苦。大部分的人需要在生命中有一個意義和目的。

你可以創造自己的意義和目的呀！我並沒有說這不能是他們創造的一部份！畢竟，創造就是喜悅！創造任何事物都如此令人享受，所以為什麼不創造你自己的意義呢？為什麼要讓神獨享這一份喜悅？

我：所以我們生命的目的不是事先命定的嗎？那我的使命又如何？

有兩個方式看待這件事。記得，你永遠有自由意志。**從這個角度來看，沒有任何事是事先命定的。但是你的自由意志當然也受到制約**，而且你一定會選你認為對你最好的事物。這就是為什麼很多人在祈禱的最後要加一句「給我這個或對我最好的事物」，因為很多時候，你無法確定你所要的是否對你是最好的。

至於你的使命，你也可以說它是你的意識收到的印記。就是說，你這輩子得做這個或那個。但是如果你選擇不做那些事，那也OK。**對於「使**

命」，**如果你改變心意，神對這一點不會有問題**，但是你自己也許會有。因為你的一生可能都為此準備，就像一個體操選手接受多年的訓練，就是為了參加奧運，或是一個接受多年軍事訓練的軍人，到了最後一刻決定他不要上戰場一樣。你自己也感知到，如果不是要成為一個靈性療癒者，你生命中不需要經過這麼多的痛苦與歷練。因此，當你改變心意時，你可以說這樣作會讓一些能量與時間浪費。但是當然，事實上時間並不存在，但是從你的觀點來看它會是這樣呈現。

如果你往內探索、成長的努力
是為了成就外在
成就功名、財富、愛情
那，在靈魂的旅程上
你還有很長的路要走

如果你往內探索
是為了成就內在
實現你的真我
成就愛、合一、和平
那麼你已長大，不再是個小孩

所有值得追求的
都不是看得到的東西
看得到的東西
只能停留在看得到的地方

當有一天你最後一次闔上這雙眼
這些看得到的東西會被留下
而會跟著你的
永遠是那些看不到的

愛情是看得到的
愛卻是看不到的
快樂是看得到的
喜悅是看不到的
幸福是看得到的
圓滿是看不到的

每個人有每個人來到世上的使命
有他要扮演的角色
永遠不用跟別人比較
你不是他
不能體會住在他身體裡作他的感受
別人也無法體會作你的感受
所以為了互相理解，人們需要溝通分享
但永遠不用羨慕別人
也不用自嘆自憐
她擁有的

也許你早已享受過
也不要小看別人
昔日個子最小的那一個
可能在明天就長成了一顆大樹
五根手指頭
長的都不一樣
可是你不會叫大拇指變瘦一點
你不會叫小指長高一點
不是嗎？
你們也都是神的手指頭

每個人本來的樣子
就是他應有的樣子
一切都是
不用比較然後心生怨念
你的能量值得放在更美好、有意義的事物上
宇宙既生瑜，又生亮
不是因為宇宙愛重複
而是因為瑜和亮是不同的
瑜有瑜的優點
亮有亮的長處

但如果亮一直與瑜比較
把焦點都放在瑜身上
卻沒有發現自己的特色、「亮點」
那實在是太可惜了

生命可以很簡單
只要你把焦點放在自己身上

去想，什麼對你而言才是真正重要的
什麼東西會讓你覺得不枉此生
什麼事你這輩子一定要作
什麼夢想一定要達成

甚至非你不可
這樣，你就可以排出生命的優先順序
再將它和你現在的生活對照
你就知道哪裡需要改變
而當你改變時
你會有很大的滿足感
因為你知道，你是愛自己的
你願意為了自己走出生命的舒適區
於是你知道
這世界上有一個人會一直愛你、支持你
那就是你自己

我：但是在我們的文化中，愛自己常被認為是自私，尤其是上一輩的人

他們的心，被教條捆綁了
他們的眼睛，被道德觀矇住了
因為他們所受的教育
還有「萬般接下品，唯有讀書高」的觀念
讓他們認為所讀之經典中講的都是真理
但是他們忽略了，他們並沒有讀盡全天下的經
即使讀了
也不會知道真理

因為真理是活的

真理就在生命中

在生活裡

真理與他們並不是分開的

我：所以有如此多的假道學…自己做不到，卻叫別人要做到

不用怪他

他看不到自己，因為心被蒙敝

看別人，有雙眼睛就可以

看自己，要有心

關於療癒

什麼是療癒？

療癒，就是有意識的面對痛苦。

你無法療癒沒有被感受、覺知的情緒，正如你無法解決你沒有認知的問題一樣。但是，人們一旦感覺有一絲絲痛苦來臨的徵兆，第一個反應就是逃跑，不管是在生理上，或是在心理上。

其實覺醒很簡單，只要你能完全面對當下這一刻。然而，大多數人裡面這個逃避痛苦的機制太強，以至於無論是苦是樂，他／她都無法活在當下。

活在當下，其實應該改為「處在當下」。就是哪裡也不去。

就在當下這一刻。在當下，你才能立地成佛。在當下，你才能遍地開花。

一個真正處在當下的人，即使只有一次，也會知道那個體驗是多麼的豐富滿足。**當你處在當下，你就是提升了每一刻的CP值**，因為你深入到生命的深處，即便其他人都在岸邊浮潛。

真正的處在當下，你不再食不知味。你的體驗比別人鮮明百倍。你變成一個開放的空間，一個容許不同體驗來來去去的空間，而那正是生命的本質。

生命本是如此自由，如此豪放，但你卻只一直讓「好」的體驗進來，執意要阻擋「不好」的體驗。因為如此，你汲汲營營安排生活，讓自己行程滿檔，表面上看起來很充實，但你的（核）心依舊空虛，因為你的出發點都是在逃避——逃避跟自己在一起，逃避跟當下在一起。

當下無論有什麼，如果你可以真正的體驗它，你會發現它都是美的。

美，不屬於好與壞。美就是生命的本來面目。

關於做自己就是在服務

我：神，我們昨天講到哪裡？我現在只記得我把昨天的對話寫在iPad上。但是我不記得我們講到哪了。

記得讓你爸爸看到你的粉絲頁照片。

我：好我會。（我把iPad拿出來看）我們昨天講到「心神」。

是的，「心神」。中國老祖宗的確有智慧。他們活在天與地之間。

我：什麼意思？

他們與天、地更靠近。要有真正的智慧，你必須通天也接地，而不是只有通天。這就叫通達。事實上，要接通天，你一定得先接通地！你必須有一個強壯的基礎。我想你已經了解這一點。

我：是的。有人曾經說我像是一枝沒有根的玫瑰。沒有強壯的基礎的話，我們不能擁有很多成長。

那你的基礎現在強壯了嗎？

我：強壯許多了。這都要感謝你。即使還是有不那麼穩定的時刻，整體上來說我感覺定多了。也要感謝你讓我有自己的家以及與父親的關係更好。

現在你知道關係有多重要了。如果不是你父親叫你要置產，你也不會來這裡定居。

我：的確是。

那麼，回到「心神」的主題。你知道中國有俗話說「六神無主」，「心神不寧」。他們很久以前就知道神、心、身都互相連結。你們還有一句話叫「神智不清」⋯有許許多多這樣子的例子。這就顯示出他們多麼了解天、地、人之間的關係，而天、地、人就是身、心、靈。小宇宙與大宇宙。超意識——表意識——潛意識。所以他們知道你如何可以從你的潛意識——你的身體——進入超意識。只要看看你們在氣功修煉裡用的術語：「大周天」，「小周天」等等。還有一些穴道的名稱，例如「神闕」。

我：對，真的耶，還有「百惠」，「天池」⋯

所以，你可以透過你的身體進入神性。這完全成立。道家與瑜珈士的修煉都基於此原理。

我：難怪我總是覺得這兩個法門有很多相同的地方，我也被這兩者所吸引，以致於我覺得身為一個與印度文化有連結的華人是一個很棒的事。

這就是為什麼你選擇這一世要在亞洲出生。這是其中的一個原因。你已經很多世沒有在這個地區了。

我：是嗎？但是你知道我對巴里島的感受如何。巴里島不一樣…你難道不覺得它有它自己的文化與振動頻率，而且似乎存在於另一個時空？

我：是的，當你如此形容它…這就是我對巴里島的感覺，像一個遺世獨立的桃花源和仙境。

它是，它是存在於另一個時空。你可以說它存在於第四或甚至有時第五次元。

我：難怪在那兒我的心感到如此敞開，感到我與地如此接近，與我自己的創造力如此接近，我甚至開始畫畫與寫詩。

是的。真正的創造力是心的產物，不是頭腦的產物。

我：喔？

心、神、創造力。

我：哇！另一個三位一體！

你們的世界充滿了三位一體，你不知道嗎？因為它是3D呀！哈哈哈！

我：（三條線）…三條線也是因為3D嗎？哈哈…（苦笑）

但是神，我們很多人已經與心失去連結，結果就是失去創造力。只要看看在這裡的人們…（嘆）前陣子就有一整篇知名雜誌文章在談論台灣產業多麼沒有創造力。

台灣人其實有很多創造力，他們只是不用它而已！台灣人的心，比起許多其他國籍的人，其實要更敞開，但是你可以說他們把「心」用錯地方了…譬如說浪費時間在省籍課題以及對過往不健康的追根究底上，在政治鬥爭上，甚至在一些不必要的人情糾葛、小情小愛上…但是同時，你們又有紀錄片「看見台灣」這樣的產物，不是每一個國家都有這樣子的電影。

我：是的。我想那是新台灣之光[1]。證明我們也有自省能力呀⋯

台灣人沒有使用他們的創造力，是因為他們受的教育。所以你只需要再教育人們。總之，新的世代會啟發人們去超越框架思考與行動。

我：是的，這又讓我想起另一個主題⋯為人父母。我非常清楚，如果父母沒有遵循他們的心，他們在養育新／星孩子時會有一個艱難的時期。

是的。

我：那該怎麼做呢？

嗯，這就是為什麼你要做你要作的事，不是嗎？教導那些父母去打開他們的心，因為心中才有智慧。

註：1.此對話發生時，此片導演齊柏林先生尚在人世。

我：ＯＫ…是的。但是我有時候比較喜歡跟孩子在一起。成人有時候很無聊。

但那正是為什麼你可以幫助他們！在內在你其實是個大孩子，卻有成人的邏輯與語彙！有一些東西只有你可以講給父母聽，但那就是他們孩子心中的感覺的象徵。

我：我明白了…真的沒錯。而且不帶強烈情緒。不帶傷痛。

嗯…那這也是為什麼我經歷那些莫名其妙的事的原因嗎？六歲前就有兩次被遺棄或被留下的經驗，還真戲劇化…這樣我才能了解孩子心中的感覺？如果是的話，那光是身為我父母的孩子，我就已經在服務世界了！

是的，當然。**光是做你自己就是一個偉大的服務！如果每個人都能做他自己，那該有多偉大！**

我：唉…（我和神一起仰望天空嘆氣）

我的天父，我真的很喜歡跟你說話……其實我越來越喜歡跟你聊天。我現在真的覺得你就是我父親！

因為我們聊天，是嗎？

當我們越常聊天，我們的關係改變時，你會發現你與你父親的關係也會改變。

我：我期待它發生！

哇，我不希望這個對話結束耶！

它不會結束。我一直都跟你在一起，在你心中，在一切之中。

我：是的，謝謝你讓我看見「懶人覺醒指南」這本書。我覺得它超有趣的。是一本真正靈性的書。

你值得。你值得。你值得最好的。

我：噢yes！我的確值得最好的！親愛的天父，再次謝謝你，因為當你如此說時，過去的我可能會想：「我值得最好的，所以我也值得最好的伴侶！」但是現在我知道，當談到人的時候，沒有什麼叫做「最好的」，我們就是無法如此比較人。人就是人，不是物品。

你可以更進一步說：「物質也不能被比較。每一件事物都有其存在的價值，如果沒有，它不會存在。」

我：那大統油呢？黑心食物？

即使是這樣的東西也是。你不是自己說過，長久看來這是一件好事，因為它讓大眾覺知、注意食物的安全與對健康的影響？

我：是啊，但是我們得付出什麼樣的代價⋯

那答案你並不知道，也不是你需要知道的。

我：沒錯。我不知道它真正的影響多大。我從來沒有買過那種太過便宜的產品。

而從現在開始也更少人會這麼做。

我：哈哈！真的嗎？那也許是好的。真材實料的東西不可能才幾十元。有時候我懷疑那些消費者的腦子在哪裡。

你不需要用到你的腦子，你可以用你的感官與直覺。當然啦，感官收到的訊息也是在大腦裡被加工。總之，你知道我在說什麼。

我：是的我懂。我猜我們也可以在買食物時與它們對話！你不是說我們可以與一切對話嗎?!

是的，你真聰明！

我：我是依你的形象造的呀！呵呵！

呵呵！

關於從自己跌倒之處找到自己需要療癒之處

我：我覺得體驗痛苦的方法真的非常好用，你可不可以談一談，還有什麼其他的方法或是其他的場合，我們可以利用它來幫助自己成長？

當然可以。你問的這個問題很好。其實，生命一定會給你帶來各式各樣的挑戰和成長的機會，而當你覺得無法勝任時，當你覺得受挫或是事情不如你的意時，你可以在深入靜心時向自己探問：為什麼這個事情沒有成？如果你在靜心時很難詢問自己，或是得不到答案，你可以利用自動書寫的方式探問。

當你深入探尋時，內在可能給你一些答案是關於你自己的，例如：「因為我不夠好」、「因為我不值得」等等。這個時候，你要更深入的探尋：「為什麼我不夠好？」「為什麼我不值得？」**你就是要這樣子溫柔的打破沙鍋問到底**。

當你再繼續問，最後的答案可能會是：「因為我當年沒有做什麼什麼事，或做了什麼什麼事，所以我不值得／不夠好。」如果拿妳做例子，妳的答案可能就是：「因為我當年沒有告訴母親就離開醫院上靈修課，回來時母親卻已經不能說話，所以我不值得。」

我：是⋯⋯我懂你的意思。就是說，其實是因為一件事情還沒有過去，還在糾結，所以一直在裡面懲罰自己。

是的。要知道，所有的事物，所有的美好的事物你都值得，因為你活著。所以要問的不是我為什麼值得？**你無法證明你為什麼值得得到一個禮物，因為神的愛是無條件的。所以，要探尋的問題都是「為什麼我不值得」或「為什麼我不夠好」**。

所以你現在找出那關鍵性的事件，你就可以針對那件事體驗痛苦，釋放不夠好或不值得感。就這樣，逐個攻破，每遇到一個不如意的事，你都可以這樣探問自己。

我：原來「所有的答案都在我們裡面」是真的。

本來就是啊！你不需要去問任何大師、靈媒；所有的答案都在你的內在！你只要會問自己就行了！

關於選擇

某日，我在想我是否該回到素食者的行列時，聽到以下的回答：

你擁有完全的自由

去擁有完全的自由

要吃肉

要吃素

要吃生
要吃熟
要結婚
要不結婚
要愛男
要愛女
要做男生
要做女生
要讀書
要玩樂

要作假

要作真

要關心

要冷眼

要涉入

要不涉入

要熱情

要淡定

要覺醒

要不覺醒

要汲汲營營
要遊戲人間
一切都由你
你說了算
這個叫人生的桌遊
你愛怎麼玩就怎麼玩
因為就算出局
你還是可以再回來
再開新局
再作一條好漢

要裝糊塗

要給自己綁手綁腳

要玩受害者的遊戲

也都由你決定

宇宙永遠支持你

無論你做什麼

宇宙都不會批判你

所以

你還奢求什麼？

關於地球天使和愛自己（一個給地球天使、光之工作者的訊息）

親愛的光之孩子，動物家族的愛護者，地球母親的保衛者：

我非常榮幸能夠在今天對你說話。身為動物的愛護者以及動物福利的保護者，你的確是地球母親的愛戴者以及守護者，因為你真的看到，我們都是一體的，不可分離的。你身上帶著神聖母親之光，也就是那保護性、滋養性以及支持生命的光。聖母的心總是想要支持生命，滋養生命。

然而，在這個充滿改變的時期，對於你們地球天使而言，支持與滋養你自己是無比重要的，因為真愛不會去分別誰是在接收的那一端。為了靈性揚升，你不需要一下子去這裡一下子去那裡，只要花幾個片刻來與你自己連結，來感覺你的心的美與神聖，以及，真的允許自己為自己的貢獻「居功」——你們許多人從來不做這件事——你的愛之光會閃耀地越來越明亮。

親愛的孩子，神聖父親與神聖母親從來沒有期望你要把他人放在你自己的前面，或照顧他人的欲望多過照顧自己的欲望。真正的愛包括愛你自己、愛你的心之所願，以及知道它們之所以存在是有原因的。

永遠不要批判自己。永遠不要批判你的欲望。**愛你的每一個面向——你是一個完美的套裝（a perfect package），在天堂製造的完美套裝。**

愛吧！因為只有愛是真實的。在愛中對他人慷慨的同時也要對自己大方。當你的愛成長時，你會迎進更多的光與愛到地球上。不要忘記這點。

～聖母

來自高我的智慧金句

Now you can be anybody you want, because you no longer want to be somebody.

（你現在可以成為任何人，因為你不再想要成為某某）。

所有的匱乏，都是愛的匱乏

它是一個假相

因為你已有了世上所有的愛

一切的成功、失敗，都只存在於頭腦中。沒有頭腦，沒有小我的「想要成就」、「想要證明自己」，一切的發生，就只是神的旨意。

No self is at play here. Only God is happening.

沒有小我，沒有頭腦，就沒有壓力，沒有包袱。

就是自由。

沒有頭腦，只有心。而心只知道愛與喜悅。

所以，當你做這件事時，是否有愛與喜悅？

如果有，那就是神的旨意。

而神的旨意必定成就。

愛是自由的，

愛也只能給予自由。

生命不會給你你應付不了的問題。
當你覺得，
你無法成功地面對你的挑戰時，
那是因為你還沒有發揮你的潛能。

活著的時候，就盡量的活——
仔細的品嚐當下的每一刻
不管它是喜、是悲
是苦、是樂
都把它視為神給你的、不會再來的禮物
因為它就是

小我是一個遊戲。如果你對它是有意識的，你就可以玩這個遊戲，你甚至可以享受這個遊戲。

接納自己，是一個有意識的選擇。在現今的社會制約下，它需要勇氣，但它也會讓你擁有更多勇氣。

百分百的確定等於死亡。

永遠不要做一個追隨者

唯一要追隨的

是你的心

這樣，你就永遠不會迷失

有愛，是單獨。
沒有愛，是孤獨。

生命其實非常簡單
生不在你的掌握裡
死也不在你的控制下
然而在兩者之間
你想幹嘛就幹嘛！

完全沒有關於情緒或情感的教育
是一種缺失的教育

作別人的父母之前，請先作自己的父母

不是你不孝順，是你們不能也無法制式化愛

真正的付出，是出於愛，而不是出於責任。

當你因為責任而付出時，那裡面沒有心的能量

因此，對方的心也不會被感動。

父母不應要求或期待孩子的尊敬，甚至感恩。

如果父母給出的是愛，孩子自然會尊敬、感恩。

什麼是有條件的愛？

就是當你對自己或他人說：「這些部分我喜歡，那些部分我不喜歡。請你只帶著這些部分的自己來跟我互動。」

當你有條件的愛自己或他人，你就是在讓對方缺手斷腿。

學習如何無條件的愛他人的最好方法，就是學習如何無條件的愛自己。

你是你這個小宇宙的中心與圓點。如果你連中心都不愛，你如何能愛出現在圓週邊的生命？

沒有了故事，沒有了角色，生命才能回復它奧秘的面貌。

最偉大的愛其實很簡單。學習如何愛自己，就是最偉大的愛。[2]

你相信嗎？

只要你不放棄自己

只要你不背叛自己

只要你無論如何都愛自己

那麼即使天下的人都背棄你

你仍然可以有一個很棒的人生

有一個極佳的生活

註：2.這其實是英文歌曲The Greatest Love of All中的歌詞，但也是高我常常讓我聽的歌。

愛自己讓你找到回家的路

不作自己的人，才是最自私的人

因為你剝奪了神要透過你給予世界的禮物

最實用的三個問題

我：大家都在說作自己，作自己有那麼簡單嗎?!

嗯，你真正想問的是什麼？

我：因為我覺得大家把順序搞錯了。要作自己，不是要先認識自己嗎？當我連自己是誰都不知道的時候，我怎麼作自己？就像我中學的時候寫的那篇文章一樣。

你是說你寫的那篇叫「我是誰」的文章。被老師自行選出登在校刊上的那篇。

我：是⋯現在回頭看，那真是一個從小看大的最好例子。原來我小時候就在思索這個問題。我後來都完全忘記了。這篇文章的事也是最近這幾年才想起來的。難怪我國中的畢業照片看起來那麼難過，像長期便秘似的。原來我以前都在想這種事情。

呵呵⋯便秘⋯還不至於吧！我覺得挺好的。

我：便秘還算好聽，幾年前看到時我覺得根本像個殺人犯。幾年前台灣發生捷運殺人事件的時候，我還寫了一篇文章在我的臉書上，還把我這張畢業照放在上面，說明一個小時極度不快樂的人是可以療癒自己，讓自己變得快樂的。

你也沒有「極度」不快樂，你也有快樂的時候。只是你在靈性上比較早熟，而當時課業壓力又這麼重，家裡面也有情緒上的壓力⋯

我：所以是很不快樂呀！尤其是跟現在的我比較的話。總之那些都過去了，我想要說的是，那個時候的我完全不知道自己是誰，當然我想那個年紀的孩子大部分也是這樣。但是一直到後來我也不知道自己想要什麼，因為一直在迎合別人的意願…所以如果那個時候有人告訴我要「作自己」，我也會去作我認為是自己的意志，但是可能還是別人的意願加諸在我身上的事。

話這麼說是沒錯。但是，你也別忘了，「自己」是一個幻相。其實人們該問的問題不是如何作自己，而是如何愛自己。

當你愛自己的時候，你自然會知道如何作自己，在每一個當下。它是一個片刻接著一個片刻的事。

當你接納，也許在當下你就是一個不知道自己是誰的人，當你可以與這個實相同在，你就能往前走。因為要改變實相，你必須先接納實相。你不需要與他人比較。你有你自己的靈魂歷程、使命，所以你有你自己的時間表，不需要與別人比……有些人比較早結婚，有些人比較早生子，有些人比較早成名，有些人比較早開悟……。早或晚也是一個幻相而已。總之，接納自己當下的實相就是一個不知道自己是誰的人，然後你會發現你越來越知道自己是誰、想要什麼。

我：了解。

而且，在中文上有一個比較奇妙的地方，就是「作自己」的「作」好像是doing，但是其實是being。因為講英文的話，就是be yourself. 所以這個作不是關於去作什麼事，你其實只能也已經一直都在作自己，因為你也沒有辦法作別人或別的東西啊！所以，當人們說：「我要作自己」的時候，他其實是在說什麼？你想過嗎？

我：沒想過……你的意思是說，「作自己」只是一個藉口？他其實是想透過「作自己」來得到一些東西或情感？

要得到這個問題的答案，只需要自問：

「當我作自己的時候，我會得到什麼或是成為什麼？」

那個才是你真正想要的。

我：如果是我的話…（側頭思考）我的答案會是自由、尊重。還有愛？我會更愛自己。

所以一個人只需要誠實的回答那個問題，然後給自己那些東西。不論是自由或是尊重或是愛。

我：哇，這麼簡單？這個方法真棒！

所以我只要給自己自由？我已經很自由了，但是我想我講的自由不是行動上的自由，而是心理上的自由。如何給自己心理上的自由呢？

你說呢？你那麼有智慧。

我：是嗎？……給自己心理上的自由，就是不依附任何東西，也包括不依附你，對嗎？那有點難耶……我這麼享受跟你聊天……

不需要完全不依附。只要你活在這個世界上，只要你有一個肉身，你一定會依附一些東西的，不是嗎？畢竟我們是一體的啊！就像你最近在看的食氣者，他們現在不依賴食物存活，但是他們還是需要空氣，需要Prana能量呀！有什麼個體可以完全不依靠任何東西而活呢？光是地心引力就讓你要挨著地活啊！

我：所以……我的答案應該是……只需要覺知到我在依附？覺知就讓我不是真正的在依附了，對吧？

是的，你的確是有智慧的。覺知就是關鍵。**覺知是轉化所有東西的關鍵。**事實上，覺知與接納可以說是同義詞呢！

我：我了解了。有覺知就有接納。不知不覺的話，連接納都談不上。所以很多人會說「要接納你的實相」。問題是，你知道你的實相是什麼嗎？這就是為什麼靜心與獨處那麼重要。否則的話，你可能像行屍走肉般的過生活，日復一日，完全都不知道自己內心快不快樂。

我：是的。我在靈修前在美國工作時就是這樣，雖然賺的錢很多，開的車很貴，住的房子也很大，但是每天回到家後就只能脫下套裝攤在沙發上，看著電視上配了罐頭笑聲的喜劇。我根本沒那個心思與時間去問自己快不快樂。

那時候的你，還在整個集體意識的洪流中，而且還是所謂的精英份子或中流砥柱；一旦你踏上靈性的道路，你才逐漸脫離那個洪流，因為你開始把焦點放在內在，而不是集體認為怎麼樣是好與壞、什麼叫做「幸福快樂」上面。

我：是的，我記得很清楚，搬回台灣來之後我還在跨國公司裡上了一年的班，之後我覺得實在沒有辦法繼續過這種生活就辭職了。那時還有親戚覺得，現在既然我時間自由了，我就應該去做一些她認為我應該做的事…諸不知，我就是因為我不想再把時間浪費在我不想做的事上面才辭職的！

是。很多上一輩的人無法想像你們現在工作的型態，例如作soho族、在家接案、在網路上開店…對他們而言，「工作」就是離家去到一個場所，有固定上下班時間，而且絕對不會是什麼好玩的事！

我：對沒錯。但是，我覺得很諷刺的是，那些覺得工作很好玩的人，往往才是賺大錢的人！例如許多歌手、樂師、電影明星…我知道不是每一個歌手或演員都賺大錢，但是，那些成功或有名的，賺的錢的比例真的比一般人高太多了。

妳知道為什麼嗎？

我：為什麼？

因為愛。

我：因為愛……我知道了！因為他們對他們的工作有巨大的熱情！

沒錯。這才是他們與「一般人」最大的不同。如果你去訪問上述那些賺很多錢的人，他們絕對都會告訴你，他們作這工作不是為了錢。

我：我相信。

哇，我現在覺得，愛自己真的是太重要了。因為當你愛自己的時候，你更認識自己，你就知道自己真正想做什麼。

是。愛永遠都是從自己出發。**你要愛自己，你才會愛在你生活中出現的一切。但是現在很多人把順序顛倒，認為我的生活中要先出現什麼，我才會愛自己。**

我：哇，我懂你的意思。就是很多人覺得我要先減重十公斤，或是我要先找到我的靈魂伴侶，或是我要先成為╳╳師，賺到我的第一桶金，我就會愛自己、尊重自己、接納自己……其實那些都是不接納自己的藉口。所以，熱愛自己，才會熱愛自己的生活⋯我記下來了。

所以，在這裡，我們可以為想要開始真正愛自己、擁抱自己的人總結一下，他們除了在「愛自己的方法與心法」裡所說的方法之外，還可以怎麼做。

我：你是說，那個非常好用又簡單的問題：「一個愛自己的人會怎麼做」嗎？

對，但是除了那個問題，你還有一個問題可以問自己，尤其是當你覺得你需要改變的時候：

「如果我從現在開始為我的生命負百分之百的責任，那我今天會做出什麼改變？」

我：哇，聽起來非常有力量。我現在感受到，一個負責任的人，是有力量的人。

是。問自己這個問題，如果我從現在開始為自己生活中所發生的一切負責，我會做出什麼改變？如果我不再怪罪父母、不再怪罪老師、不再怪罪前男友前女友、不再怪罪政府、不再怪罪以前加害我的那個人⋯⋯如果，這一切都是我自己創造的，那麼，我今天會做什麼不一樣的事？

這不需要是什麼大事，有時候你的答案可能就像「我會開始多吃生鮮蔬菜」這樣的小改變。但是有時候也可能是重大的改變，例如搬家、換工作等等。

我：嗯…我剛剛浮現的答案是「我會更常運動」。所以，這兩個問題可以交替使用，對嗎？

對。

我：好棒！我有很興奮的感覺，我覺得這兩個問題可以解決很多問題！我要把它們名為「最實用的兩個問題」！如果再加上你剛才所說的，「當我作自己的時候，我會得到什麼或是成為什麼？」，那就是最實用的三個問題了！天哪，我覺得一個人只要會問自己這三個問題，他就不用去上很多靈修課、讀很多靈性書籍了！

妳可以這麼說！愛自己、認識自己本來就是第一步，也是最後一步。畢竟，一切都是妳，沒有什麼不是妳。

我：包括你。

包括我。

關於愛自己，三個最實用的問題

一、一個愛自己的人會怎麼做？

二、如果從現在開始，我為我的生命負百分之百的責任，我會做出什麼改變？

三、當我作自己時，我會得到什麼或成為什麼？

8

附錄：揚升症候群

從三次元到五次元的徵兆與改變

這是我某一天在家裡靜坐時有了靈感而拍成YouTube影片的大綱。

這個YouTube影片是我花時間最少，但是成效卻最大的影片。我只是擬出大綱，對著鏡頭説話十幾分鐘然後加字幕上傳，短短的時間就聚集了八千人次，累積到現在截稿的時間有大約五萬六千人次觀看。我認為這就是在五次元創造的一個現象：作的時候很輕鬆、流暢、沒有期待，卻有意想不到的結果與收穫。

影片的標題叫做「靈性揚升／從三次元到五次元的徵兆與改變」，其實也可以被稱之為：「你如何知道你已經進入第五次元」[1]：

我今天想講的主題，是目前很多人在經歷的一個現象，無論他們有沒有在靈修。這些現象也是我們從三次元進入五次元時常會有的徵兆或症狀。

許多人都知道，二〇一二年的十二月二十一號是我們人類跨入黃金紀元或靈性時代的一個代表性的日子。但是那並不代表當我們跨入黃金紀元後，我們的意識在一夜之間就轉變成五次元的意識，它有時候會是一個漸進的過程。而當我們的意識在轉換的時候，我們的身體上或是心性、個性、甚至偏好上都有可能有所改變。

很多人在面臨這些改變的時候不是那麼清晰，或是因心生恐懼而造成一些困擾疑問，所以我想要在這裡說明一下我們的意識層次在揚升的時候常常會發生的改變有什麼。

一、從心生活：

第一個非常具有指標性的改變，也可以說是靈性道路上的一個重要里程碑，就是你的意識從你的腦移到你的心，也就是你會從心出發，從心去活，而不是從腦去活。

什麼叫從心去活呢？也就是你是從你的心去觀看、去感知這個世界，而不再是透過你的邏輯性思考、制約、從父母那裡得來的價值觀等等去感知。在我們踏上靈性的道路之前，或在我們的意識轉化之前，左腦的邏輯性思考通常就是我們引以為依據的一個生活指標。在意識轉化之後，我們常會發生的改變就是從腦移到心，這也許是我們有意識讓它發生的，或是它自動發生的。而在移到心之後，你常會發現自己的同理心變強，甚至你有感同身受的能力，而這是你以前所沒有的。

從心生活是對大家都有益的，因為當你從心出發，你不會想要去傷害別人，或是踩在別人頭上來讓自己更好。你也不會想要傷害環境、傷害地球、傷害其他的生命。你對其他生命的福祉更有覺知⋯⋯這些都是從心生活的指標。你對環境、環保也會更有意識。你會想要做地球母親更好的兒子或女兒，你也會想對下一代做出更有意義的貢獻。你開始活在一整體的意識中。

二、讓直覺引導你的生活

當你的心越敞開、當你越使用你的心時，你的直覺也會更強。所謂的直覺就是直接的覺受，而不是透過你的頭腦分析後得到的結論。非常多的女性應該都有這種第六感的體驗，雖然第六感不是女性的專屬權利。許多較常使用陰性能量或較接納他的陰性面的男性也有很強的直覺。

當你讓直覺引導生活時，你很可能不再做許多的計劃，不再急著把你的行事曆填滿不同的行程。你也不會做類似十年計劃的事，因為你現在更活在當下，你也知道你的直覺會照顧你、引導你。

三、不再作計劃：因為活在當下

因為你感知到，只有當你把注意力放在當下時，你才是真正的活著，你才能真的享受生活。

四、不再有規定

你感覺生命像是一張空白的畫布，讓你隨意地去揮灑任何的色彩，而且是當下你想揮灑的色彩。所以你不再給自己很多的規範，你也不會對自己說你永遠不會怎麼樣，例如：「我永遠不會結婚、我永遠不會生小孩、我永遠不會吃素或吃葷⋯⋯」因為你現在是活在當下，而你要依據當下的指引（也就是你的心）來做出當下最適合你的行為。所以你不會給自己很多的限制，而且你知道生命的規則是你自己寫的，所以當你有這樣子的改變時，你也是從你的心在生活。

五、活在當下

從心生活、活在當下與由直覺引導生活可以說是一個三位一體。

六、感官的甦醒

除了第六感之外，這還包括我們的超視覺、超聽覺、超嗅覺等等。超視覺就是我們俗稱的開天眼或第三眼。雖然這絕對不是進入五次元的必要條件，但是的確，有些人在揚升的過程中這些能力會被開啟。簡而言之就是變得很敏感，甚至一年比一年更敏感。

對於那些變得很敏感的人，我會強烈建議你每天一定要做靈修的功課，例如靜心，來穩定你自己的能量，並排除不屬於你的能量。因為你會希望保持自己的高覺知度，同時安住於內在核心中，不被周遭人的能量拉來拉去。

七、偏好的改變

例如你以前很喜歡看恐怖電影，但是現在完全不喜歡了。或是你以前很喜歡吃辛辣重口味的食物，但是現在那些食物對你沒有吸引力。或是你以前吃很多肉，現在想要吃素，或是相反——你以前吃全素，現在你卻覺得想要吃一點肉。這都是有可能發生的。因為當你活在當下，任何事都有可能發生。

所以你不需要給自己太多的限制，而且你要學著去傾聽自己身體的聲音，它會告訴你當下該吃什麼。

八、個性的改變

也許你以前是一個非常文靜不多話的人，現在你卻想要常和朋友歡聚一堂；或是你以前是非常多話的人，現在你卻想要安靜獨處。請你就順著這些改變，不需要去擔心自己是否有精神分裂或是硬要把自己拉回過去的習性中。

這一切都是因為你的意識在覺醒，所以你也在整合人格中各種不同的面向。因為我們每一個人都要透過整合來成為一個完整的人，包括整合我們的男性與女性能量。

九、創造力與其他神性特質的增長

它包括創造力、慈悲心、包容心、智慧、超感官…尤其是創造力，因為，「神」就是造物主。

所以你可能會想開始做一些創造性的活動，例如畫畫、跳舞、唱歌、玩樂器、做手工…它也包括重新設計佈置你的家、幫你的小孩做戲服等等。當你活在心的空間時，你的創造力一定會成長，因為真正的創造力是從心而來的。

以上，就是在進入第五次元時常常會發生的變化。願大家都有一個順利的揚升過程。

註：1．從二〇一二年年底開始，我們地球上的每一個人就處於從三或四次元邁入五次元的過程中。三次元、五次元在這裡指的並不是特定的空間，而是我們的意識狀態。三次元即是所謂的物質世界。在這裡，時間是線性的，我們與他人是分離的。你也可以視三次元意識為一個基於分離感，基於小我與物質的意識狀態。

四次元可以說是我們過渡到五次元時會經過但不停靠的一個站。在這裡有所有人的集體意識，它也是通往五次元及其他更高次元的關卡。當你看事情不再以二元性來判定時（好壞、高低、貴賤、成功失敗…），你就是在超越第三次元。

五次元是關於靈性覺醒與無條件的愛，是基於一體感、最高善與靈性的意識狀態。因為是基於靈性／靈魂，人們會開始有意識到自己不光只是一具身體的經驗，如心電感應、靈視力、顯化……等等。

9 跋

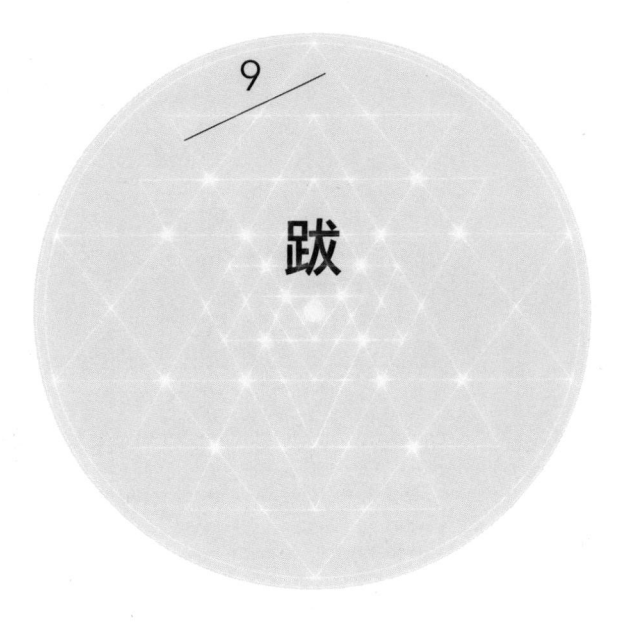

高我的愛，是我這輩子體驗過最溫柔的愛。

有朋友曾經問我，我怎麼知道我是和高我連結上？怎麼知道這個來自內在的聲音是高我？我心中沒有一個立即浮現的答案，但是常常會回想到一件事。

那是母親在住院時發生的事。那三個月內，我們全家人在水深火熱之中，因為母親的身體似乎已經不行，需要住院，而那時又是SARS流行的時候，我與父親，以及後來回國的妹妹輪流一人一天去醫院陪母親，等我們晚上離開後由看護接班。天真的我，還曾經和父親說我要搬去睡在病房裡，不需要請看護，後來證明父親是對的，因為即使我在身體上可以承受，在心理上實在沒有辦法承受那種痛苦和壓力。

有一天，我在母親的病床旁修煉。那時母親已經不能說話，但是因為有一次我在母親床邊修煉之後她眼睛的黃疸都退掉了，這讓我生出信心，從此每次去看母親都在病房中修煉陪伴她。而那天，我還記得是一個有陽光的午後，當我站在病床旁閉眼修煉、母親在旁睡覺時，醫生忽然開門進來。

在那一刻，我與母親同時睜開眼睛，互望彼此。忽然，時間停止了。我看著她，她看著我，我們之間不再隔閡。

一切都圓滿了。一切都消融了。我們完全相通。我們不再分離。

那天晚上我離開醫院，進入通往捷運站的地下通道時，突然抑止不住跪倒在地上，淚流滿面的同時內心發出一個吶喊：「請讓我和媽媽交換!!!我願意代替媽媽受苦!!!」聽到這句話的同時間我也非常驚訝，因為我完全沒有想到我會做出這樣的祈禱，那不是平常的我所發出的！我相信那是我內在的神性、那個無條件的愛所發出的。

而第一次聽到高我用唱歌的方式與我對話時，又是好幾年之後在印度時的事了。

第一次和高我連結上之後，我雖然並沒有每天都和祂促膝長談，但是在遇到困難時，我會諮詢祂的意見，尋求祂的指引。令我驚喜的是，祂的幽默常常讓我在不知不覺中卸下重擔，每每與祂談完之後，我已經不再感到憂慮困擾，也能反過來笑自己常常忘記生命是一場無輸贏的遊戲；重點在於投入，只要參加，必定有獎勵。

長期與高我連結，我發現這樣的關係不但增長了智慧，更重要的是，它幫助我更愛我自己。

愛就是如實的接納。透過與高我的互動，我得以以祂的觀點來看待肉身——也就是人類的處境。我對自己林林總總、裏裏外外的掙扎過程產生慈悲，甚至敬佩……我看到每一個活著的人，是多麼地不容易！

我深切地感到，每一個人，都在以他／她所知所能所制約的程度作到最好。每一個人，都是生命光輝的戰士，都在努力尋求出路。那些不願人云亦云、那些寧可孤獨也要走自性道路的人們，更是在披荊斬棘，披星戴月地為云云眾生闖出一條新的康莊大道。

在對自己產生慈悲之後，我不由自主地看到他人的難處。那是完全自然、超越任何後天教誨的一種發生。在真正愛自己之前，我對他人（例如母親）比較多的是同情、憐憫、內疚；可是那是二元的，裏面隱藏著批判。同情的同時，也站在一個道德高處暗暗地評斷：「她怎麼把自己搞成那樣」，「她為什麼這麼不愛自己，害我也不懂得愛自己。」。

在對自己有真愛之後，對他人取而代之的是更多的同理、接納、慈悲。慈悲不是同情，不是激情，慈悲也不會叫你無論如何都要伸出援手。但是當你因內在智慧的聲音而伸出手時，那個能量會是純粹的，效果也事半功倍。

總而言之，連上高我之後，不代表從此生命就一帆風順、沒有挑戰，畢竟我們大部份人仍需挑戰來刺激成長。但是，可以預期的是，與高我的連結所帶來的篤定以及內在智慧，會伴隨著你迎接任何生命帶來的課業，乘風破浪破關斬將。

而大約三四年前，有一天我在家裡清理貓砂的時候，突然聽到高我給我一個非常私人、屬於我的療癒訊息。我本來不知道是否應該把它放在書裡，因為其中的比喻實在是不可思議，但是，這也是為什麼我知道，那是高我傳遞來的訊息，而不是我頭腦想出來的。

在訊息中，高我只用簡簡單單的兩三句話，就讓我多年來因為在母親走的前一年去巴里島，沒有在台灣陪她而產生的內疚消失殆盡。而令我驚喜的是，在內疚感消逝之後，我反而更常覺察到母親的存在。原來母親從來沒有離開過。

以下是高我那天說的話。

「最終人我是無分別的。」

「大家都認為佛陀主張無欲，就是無私。可是佛陀才是最自私的不是嗎？他為了自己對生命、對真理、對解脫之道的追尋離家棄子——不但離家，他還離國！但是當他解脫成道，他卻為全天下的人——不僅僅是他王國內的子民而已——尋到了離苦得樂的道路。所以，自私才是最有慈悲心的！你們中國老祖宗已經透露了這個真理：「人不為己，天誅地滅！」

最自私的人，也是最無私的人。妳自己不也經歷了佛陀的旅程？妳本是溫室中的一朵花朵，在經歷失戀、母親生病這些事件後才知道人間疾苦，一心向道。妳甚至放下家裡的事去峇里島居住——表面上看起來是個自私的行為，但是妳的動機和佛陀是一樣的！都是去探尋快樂的泉源，真正離苦得樂的方法。」

我：「我的天哪！我不敢想……怎麼會把我跟佛陀相比呢？……我與那麼多的揚升大師都有連結，除了佛陀。我總覺得佛陀跟我比較沒有連結……」

「不，他和妳非常的近！妳自己都說妳以前是個被寵壞的公主，而佛陀，佛陀是一個王子啊！」

謹以本書　獻給我的母親

妳我早已約定
互相成就此生
無關道義規範
不用母女相稱
只是生命之光對著生命之光

本來從無分離
何須心靈相通

不作自己的人，才是最自私的人

作　　者　丁鳳逸
社　　長　張淑貞
總 編 輯　許貝羚
美術設計　關雅云
行銷企劃　曾于珊

發 行 人　何飛鵬
事業群總經理　李淑霞
出　　版　城邦文化事業股份有限公司　麥浩斯出版
E-mail　cs@myhomelife.com.tw
地　　址　104 台北市民生東路二段 141 號 8 樓
電　　話　02-2500-7578
傳　　真　02-2500-1915
購書專線　0800-020-299
發　　行　英屬蓋曼群島商家庭傳媒股份有限公司城邦分公司
地　　址　104 台北市民生東路二段 141 號 2 樓
電　　話　02-2500-0888
讀者服務電話　0800-020-299（9:30AM~12:00PM；01:30PM~05:00PM）
讀者服務傳真　02-2517-0999
劃撥帳號　19833516
戶　　名　英屬蓋曼群島商家庭傳媒股份有限公司城邦分公司

香港發行城邦〈香港〉出版集團有限公司
地　　址　香港灣仔駱克道 193 號東超商業中心 1 樓
電　　話　852-2508-6231
傳　　真　852-2578-9337

新馬發行　城邦〈新馬〉出版集團 Cite(M) Sdn. Bhd.(458372U)
地　　址　41, Jalan Radin Anum, Bandar Baru Sri Petaling,57000 Kuala Lumpur, Malaysia.
電　　話　603-9057-8822
傳　　真　603-9057-6622
製版印刷　凱林印刷事業股份有限公司
總 經 銷　聯合發行股份有限公司
電　　話　02-2917-8022
傳　　真　02-2915-6275
版　　次　一版 2 刷 2023 年 02 月
定　　價　新台幣 350 元 / 港幣 117 元
Printed in Taiwan

登記證中華郵政台北誌第 376 號執照登記為雜誌交寄

國家圖書館出版品預行編目（CIP）資料

不作自己的人,才是最自私的人 / 丁鳳逸著. -- 一版. -- 臺北市：麥浩斯出版：家庭傳媒城邦分公司發行, 2019.03
面；　公分
ISBN 978-986-408-466-1(平裝)

1.靈修 2.自我成長 3.療癒

192.1　　107023850